Band 1

Kleine Bibliothek der Bayerischen Akademie der Schönen Künste

Jens Malte Fischer

Carlos Kleiber – der skrupulöse Exzentriker

WALLSTEIN VERLAG

Inhalt

Vorwort

Habt ihr euch einmal, in einer Musikprobe, mit einiger Teilnahme die sonderbare verschrumpft-gutmütige Spezies des Menschengeschlechts angesehn, aus der das deutsche Orchester sich zu bilden pflegt? Welche Wechselspiele der launenhaften Göttin »Form«! Welche Nasen und Ohren, welche ungelenken oder klapperdürr-raschelnden Bewegungen! Denkt einmal, daß ihr taub wäret und von der Existenz des Tons und der Musik nicht einmal etwas geträumt hättet und daß ihr das Schauspiel einer Orchesterrevolution rein als plastische Artisten genießen solltet: ihr würdet euch, ungestört durch die idealisierende Wirkung des Tons, gar nicht satt sehen können an der mittelalterlich derben Holzschnittmanier dieser Komik, an dieser harmlosen Parodie auf den homo sapiens.

Nun denkt euch wiederum euren Sinn für Musik wiederkehrend, eure Ohren erschlossen und an der Spitze des Orchesters einen ehrsamen Taktschläger in angemessener Tätigkeit: die Komik jener Figurationen ist jetzt für euch nicht mehr da, ihr hört – aber der Geist der Langeweile scheint euch aus dem ehrsamen Taktschläger auf seine Gesellen überzugehen. Ihr seht nur noch das Schlaffe, Weichliche, ihr hört nur noch das Rhythmisch-Ungenaue, das Melodisch-Gemeine und Trivialempfundene. Das Orchester wird für euch eine gleichgültig verdrießliche oder eine geradezu widerwärtige Masse.

Endlich aber setzt mit geflügelter Phantasie einmal ein

Genie, ein wirkliches Genie mitten in diese Masse hinein – sofort merkt ihr etwas Unglaubliches. Es ist, als ob dieses Genie in blitzartiger Seelenwanderung in alle diese halben Tierleiber gefahren sei und als ob jetzt aus ihnen allen wiederum nur das Eine dämonische Auge herausschaue. Nun aber hört und seht – ihr werdet nie genug hören können! Wenn ihr jetzt wieder das erhaben stürmende oder innig klagende Orchester betrachtet, wenn ihr behende Spannung in jeder Muskel und rhythmische Notwendigkeit in jeder Gebärde ahnt, dann werdet ihr mitfühlen, was eine prästabilierte Harmonie zwischen Führer und Geführtem ist, und wie in der Ordnung der Geister alles auf eine derartige aufzubauende Organisation hindrängt.

Es gibt das Filmdokument einer Probe von Carlos Kleiber mit dem Südfunk-Symphonieorchester Stuttgart aus dem Jahre 1970 (glücklicherweise auf DVD erhältlich). Der damals vierzigjährige Dirigent probt die *Freischütz*-Ouvertüre. Man sieht mit und hinter ihren Instrumenten eine Schar von Nußknackern, von mehr oder weniger gutmütigen Musikbeamten, die ohne jede Spur von Inspiration dasitzen und von denen man sich schlechterdings nicht vorstellen kann, daß sie überhaupt Töne erzeugen können. Und vor ihnen taucht wie ein Derwisch Carlos Kleiber auf, in seinen besten Jahren, hinreißend anzuschauen, und er fragt diese Nußknacker, ob sie an Geister glauben, was sie natürlich kopfschüttelnd negieren. Aus ihren ratlos-abweisenden Gesichtern ist nur ein Gedanke herauszulesen: »Der spinnt! Der soll nicht soviel reden, der soll gescheit schlagen!« Doch Kleiber beschwört sie, *daß* sie an Geister glauben müssen, und führt die Elementargeisterwelt der Romantik an ihren stumpfen Augen vorbei.

Ein Bild unbeschreiblicher Komik. Eine Spitzweg-Idylle, satirisch in die Gegenwart versetzt. Was soll das werden, fragt sich der Zuschauer? Hoffnungsloser Fall, argwöhnt man. Doch dann ›schlägt‹ Carlos Kleiber – und mit einem, seinem Schlage verwandelt sich die Nußknackerversammlung in einen Kreis von Magiern, die hinreißend alle Zauber der Romantik in Töne bannen. Wie in einer Novelle von E.T.A. Hoffmann wird die trübe Alltagswirklichkeit der Orchesterprobe durchscheinend, verschwimmt vor dem nicht mehr sehenden, sondern nur noch hörenden Auge in ein Reich des Wunders.

Diese Probe wird, so scheint es, in unserem einleitenden Zitat beschrieben. Da haben wir die verschrumpft-gutmütige Spezies des Menschengeschlechts, aus der das deutsche Orchester zu bestehen scheint, da ist die unfreiwillige Komik der mittelalterlich derben Holzschnittmanier seiner klapperdürren Bewegungen – wahrhaft eine Parodie auf den homo sapiens. Doch nicht ein ehrsamer Taktschläger tritt nun vor dieses Orchester, der es noch mehr zu einer verdrießlichen Masse werden ließe, sondern mit geflügelter Phantasie das Genie, das in die halben Tierleiber der braven Orchestermusiker hineinfährt und sie mit seinem dämonischen Geiste durchdringt.

Wer ist es, der diese mythisierende Beschreibung einer Orchesterprobe verfaßt hat, welche nur diejenige von Carlos Kleiber am 22. April 1970 gewesen sein kann? Es ist Nietzsche, der ziemlich genau hundert Jahre zuvor diese Probe am Ende seines fünften Vortrags *Über die Zukunft unserer Bildungsanstalten* vorwegbeschrieben hat (als Bild einer »wahren Bildungsanstalt«, die er in der zeitgenössischen Universität, in der nur eine träge Masse von ehrsamen Taktschlägern bearbeitet wird, nicht wiederzuerkennen vermag – auch in dieser Hinsicht scheint er unsere Gegenwart zu antizipieren).

Carlos Kleiber, Mitglied der Bayerischen Akademie der Schönen Künste, ist am 13. Juli 2004 in der slowenischen Kleinstadt Konjiica gestorben, der Heimat seiner ein Jahr zuvor verstorbenen Frau – zehn Tage nach seinem 74. Geburtstag. Die Akademie widmete der Erinnerung an ihr bewundertes und vielgeliebtes Mitglied eine Gedenkveranstaltung mit einem Vortrag von Jens Malte Fischer, der eine so stürmische Begeisterung auslöste, daß fast alle ihn unbedingt nachlesen wollten. Deshalb lag nichts näher, als mit ihm unsere »Kleine Bibliothek der Bayerischen Akademie der Schönen Künste« zu eröffnen.

Wir gebürtigen und Wahl-Münchner hatten das Glück, daß Carlos Kleiber hier lange lebte und München über viele Jahre zu seiner musikalischen Hauptstadt erkor. Die Erinnerungen an seine Aufführungen der *Traviata* und des *Otello*, des *Rosenkavalier* und der *Fledermaus* sowie seiner Konzertauftritte im Nationaltheater erfüllen noch heute denjenigen, der das Glück hat, sie erlebt haben zu dürfen, mit seligem Schauder. Was sind das für Erinnerungen! Etwa an eine *Otello*-Aufführung im tiefverschneiten München mit dem an einer schweren Bronchitis erkrankten Plácido Domingo, dessen Husten auf einmal zur Rolle zu gehören schien und der sich von Kleiber über alle gesundheitliche Unbill hinwegheben ließ. An eine *Bohème*, in der er, der so selten ans Pult trat, kurzentschlossen einsprang, weil er zufällig des Weges kam und erfuhr, daß der vorgesehene Kollege erkrankt war. An Holzbläser-Passagen in der *Traviata*, deren süße Schwermut man so nie wieder hören wird, an Rausch und Ernst des *Rosenkavalier*. Und an die Faschingsdienstag Aufführungen der *Fledermaus*, bei denen Kleiber nach der Pause verkleidet am Pult erschien, mal als indischer Guru, mal – und das war der Gipfel aller histrionischen Auftritte Kleibers – als Boris Becker: ganz im Tennisdreß, mit kurzen Hosen, bei den Dialogen sich auf einem Sessel flegelnd und an einer Coca-Cola-Flasche nuckelnd, die Beine auf dem Dirigentenpult und mit dem Tennisschläger in der Rechten. Das war irritierend, war man doch an Kleibers wunderbare, schier endlos lange Arme gewöhnt, wie überhaupt sein Dirigierstil nicht nur akustisch, sondern auch optisch den Zuschauer in den Bann zog, in einen Rausch, der Orchester und Publikum immer von neuem dionysisch einte, so daß man das principium individuationis vergaß. Und dann auf einmal ein Tennisschläger statt des subtil zeichengebenden rechten Arms? Doch, o Wunder, alles klang unter dem Schläger ebenso federnd wie unter der feingliedrigen Rechten – und dann würde Kleiber ja wohl nach einigen Minuten das Sportinstrument beiseite legen ... Er tat es nicht, behielt es bis zum letzten Ton in der Hand, und doch entging dem Hörer keine gewohnte Nuance in diesem unvergleichlichen *Fledermaus*-Dirigat.

Seltsam, dieser geniale Musiker war ein fast krankhafter Selbstskeptiker, übersensibler Selbstkritiker, der im Laufe seiner Karriere, die recht vielseitig begonnen hatte, glaubte, nur noch wenigen Werken gerecht werden zu können. Als Wolfgang Sawallisch einmal *Don Giovanni* dirigierte und Kleiber ehrfürchtig lauschend hinter der Bühne stand, erlaubte sich der Münchner Opernchef in der Pause den Scherz, so zu tun, als wollte er nicht weiterdirigieren, und Kleiber den Dirigentenstab zu reichen. Daraufhin stolperte Kleiber entsetzt zurück: »Um Gottes willen, ich kann's doch nicht, ich kann's doch nicht!« Vor einer *Rosenkavalier*-Aufführung behauptete er, die Partitur vergessen zu haben, und mußte buchstäblich ans Pult gestoßen werden – um wie ein Gott zu dirigieren. Anekdoten wie diese sind Legion, und es gibt Augenzeugen genug, die sich für ihre Wahrheit verbürgen. Unsere Generalsekretärin Katja Schaefer fuhr vor einigen Jahren während der Salzburger Osterfestspiele einmal in der Dämmerung durch Anif und kam plötzlich auf die Idee, den Friedhof mit dem schlichten Grab Herbert von Karajans zu besuchen. Dort sah sie einen langen Schatten: sie war nicht allein auf diese Idee gekommen – an Karajans Grab stand tief versunken Carlos Kleiber. – Doch enden wir hier, bevor wir weiter in uferlosen Erinnerungen versinken, und geben wir das Wort unserem berufeneren, weniger schwärmenden als kundig analysierenden Gedenkredner Jens Malte Fischer.

München, im Herbst 2006

Dieter Borchmeyer
Präsident der Bayerischen Akademie
der Schönen Künste

Carlos Kleiber – der skrupulöse Exzentriker

So mysteriös wie vieles an seinem Leben war auch sein Tod: eine Woche dauerte es, bis er bekannt wurde. Die Bayerische Staatsoper, das Haus, mit dem er in der letzten Phase seiner öffentlichen Laufbahn am engsten verbunden war, berichtete erst am 20. Juli 2004, daß Carlos Kleiber am 13. Juli in der slowenischen Heimat seiner Frau gestorben und beerdigt worden war, aber selbst damals fehlte die Bestätigung durch die Familie; Kleibers Frau Stanislava, genannt Stanka, war im Jahr zuvor gestorben. Die Nachrufe entsprachen dem, was in den letzten Jahrzehnten über Kleiber in den Medien berichtet worden war. Mustert man eine Pressemappe zu seiner Person durch, ist man konsterniert durch die Masse des endlos wiedergekäuten anekdotischen Materials – Nietzsches ewige Wiederkehr des Gleichen gewinnt hier eine banale Bedeutung, die der Philosoph nicht vorausgesehen hatte. Kleiber, der plastiktütenbehängt clochardartig durch die Stadt vagabundiert, Kleiber, der nur dirigiert, wenn der Kühlschrank wieder gefüllt werden muß (angeblich eine Äußerung Karajans), Kleiber, der nur dirigiert, wenn ihm als Honorar ein Luxusauto winkt (dies ist in einem Fall allerdings so geschehen, was aber noch nicht heißt, daß er nur wegen dieses Honorars dirigiert hat), Kleiber, der unter der Last seines berühmten Vaters mehrfach zusammengebrochen ist (angeblich soll er als

junger Mann eine *Rosenkavalier*-Aufführung in Zürich fast nicht zustandegebracht haben und wurde nervlich zerüttet vor dem heimischen Plattenspieler aufgefunden, wo die klassische *Rosenkavalier*-Aufnahme Erich Kleibers lief), Kleiber, das Phantom der Oper, der Dirigent mit dem kleinsten Repertoire aller bekannten Pultlöwen – je öfter das wiederholt wird, desto unzutreffender werden auch die wahren Begebenheiten. Eine Biographie von Carlos Kleiber zu schreiben könnte eine interessante Aufgabe sein, allerdings auch schwierig angesichts der extremen Öffentlichkeitsscheu des Objektes. Seinem Vater wurde bereits 1957 kurz nach seinem Tod eine Biographie gewidmet, die von John Russel, die einzige bisher.

Biographisches

Zunächst soll kurz das biographische Feld abgesteckt werden, soweit es nötig ist, mit der Kautele, daß es, zu Kleiber wiederum passend, über manche Daten und Fakten in den öffentlich zugänglichen Unterlagen verschiedene Auskünfte gibt. Nicht untypisch ist beispielsweise, daß allein drei verschiedene Geburtsdaten zu finden sind: der 3. Juli, der 20. Juli und der 30. Juli 1930 sind im Umlauf, der 3. Juli hat die größte Wahrscheinlichkeit für sich. Sicher ist auf jeden Fall Berlin als Geburtsstadt. Daß Carlos eigentlich Karl Ludwig Kleiber hieß, ist nur noch wenigen bekannt. Erich Kleiber war Generalmusikdirektor der Staatsoper Unter den Linden, die Mutter war die Amerikanerin Ruth, geborene Goodrich. Erich Kleiber hatte sie 1927 in Buenos Aires kennengelernt, als er dort dirigierte, wo er dann in der Emigration eine neue

Heimat fand – Ruth Goodrich war an der amerikanischen Botschaft beschäftigt. Das Berlin der späten zwanziger Jahre war ein Dirigentenparadies, das mühelos den heutigen Stolz, etwa in München, auf berühmte Taktstockschwinger (Hans Werner Henze pflegt zu sagen: Luftzerteiler) übertreffen kann. Es gibt ein bekanntes Photo des Jahres 1929, wo man nebeneinander im Frack auf einem Berliner Bankett sehen kann: Bruno Walter, der Musikchef der Städtischen Oper war, Erich Kleiber als Generalmusikdirektor der Staatsoper, Otto Klemperer als Chef der Krolloper, Wilhelm Furtwängler als Leiter der Philharmoniker und als Fünfter im Bunde Arturo Toscanini, der gerade gastierte. In dem führenden deutschen biographischen Archiv, dem Munzinger, ist über das Schicksal der Familie Kleiber zu lesen, in unnachahmlich euphemistischer Formulierung: »1935 zog sich die Familie Kleiber aus Deutschland zurück und fand eine neue Heimat in Argentinien.« Was heißen soll, daß Nazi-Deutschland auch diesen Dirigenten vertrieben hat, der sich durch seinen kompromißlosen Einsatz für mißliebig gewordene Komponisten und Werke unbeliebt gemacht hatte, speziell für Alban Berg und dessen Oper *Wozzeck*. Das wird nur noch übertroffen durch ein aktuelles Personenlexikon zur klassischen Musik, wo Erich Kleiber bezeichnet wird als »argentinischer Dirigent österreichischer Herkunft«. Die entscheidende Zeit war natürlich für Kleiber die nach der Machtübergabe an die Nazis. Es gab zwar Gerüchte, daß er Jude sei, die aber ohne Basis waren – ähnliche Gerüchte gab es um Alban Berg. In Wien, seiner Geburtsstadt, wurde dagegen behauptet, er sei ausgesprochener Nazi, allein deswegen, weil er 1934 noch im Berliner Amt war – aber die dezidierte Anti-NS-Haltung Kleibers ist nicht bezwei-

felbar. Als er im November 1934 eine Orchestersuite aus Lulu-Fragmenten der noch nicht vollendeten Oper seines Freundes Berg in der Staatsoper aufführte, gab es Proteste und Pressionen, die ihn veranlaßten, von seinem Posten als Generalmusikdirektor der Deutschen Staatsoper zurückzutreten. Eine der hübschesten Anekdoten um Vater Kleiber ist die, daß er sich immer darum drückte, selbst bei offiziösen Gelegenheiten, in der Staatsoper den Hitlergruß auszuführen und auch den Hausherrn Hermann Göring nicht nach dessen Geschmack hofierte. Einmal aber soll er mit dem großen Wagnertenor Max Lorenz gewettet haben, daß er sogar während einer Aufführung des Wagnerschen *Siegfried* diesen Gruß darbieten würde. Lorenz wettete natürlich dagegen, mußte aber während des 3. Aktes, als er als Siegfried dem Wandrer begegnet und den davonflatternden Waldvogel mit den Worten »Wohin mein Führer mich wies, dahin wandre ich jetzt

fort« zu verabschieden hat, von der Bühne herab sehen, wie Kleiber am Pult bei »Wohin mein Führer mich wies« blitzartig den Hitlergruß ausführte. Auf jeden Fall ist Vater Kleiber hoch anzurechnen, daß er, ohne durch sogenannte rassische Gründe oder dezidiert linke politische Position gezwungen zu sein, aus purem Widerwillen gegen Politik und Kulturpolitik des Nationalsozialismus Deutschland verließ. Über den Gegensatz zu Wilhelm Furtwängler ließe sich von hier aus trefflich diskutieren.

Carlos Kleiber wuchs also in Südamerika auf, vor allem in Buenos Aires, wo der Vater bis 1949 am Teatro Colón den Schwerpunkt seiner dirigentischen Tätigkeit hatte. Die Familie kehrte nur sehr zögernd nach Kriegsende nach Europa zurück, mit einem Lebensmittelpunkt in Zürich, wo Carlos auf Drängen des Vaters an der Eidgenössisch Technischen Hochschule Chemie zu studieren begann. Seine musikalische Begabung, wenn auch kei-

neswegs von Wunderkindcharakter, begann allmählich sichtbar zu werden, aber speziell der Vater war, was ihm immer wieder vorgeworfen wurde, zunächst sehr skeptisch. Daß der böse Vater dem armen Sohn das Dirigieren verboten habe, wird seither bereitwillig kolportiert, aber es ist ähnlich wie bei dem notorisch behaupteten Komponierverbot, das Gustav Mahler über seine Frau Alma ausgesprochen haben soll: ganz so war es nicht. Man sollte Verständnis für den Vater aufbringen, denn schließlich ist Carlos Kleiber dann der einzige prominente Fall der Interpretengeschichte geworden, in dem es der Sohn eines berühmten Dirigenten geschafft hat, ein andersgearteter, aber ebenso berühmter Dirigent zu werden, und ob dies gelingen würde, war beim jungen Kleiber, der wie gesagt kein frühreifes Musikgenie war, keineswegs abzusehen. Und so muß man den Vater verstehen, wenn er an den neunzehnjährigen Sohn schreibt: »Als ich Neunzehn

war, wußte ich nicht, was mit mir geschehen würde, genauso wie es Dir jetzt ergeht. Ich wußte nur, daß ich nicht genug zu essen hatte, und daß Musik für mich lebenswichtig war. Nun hoffe ich, daß Du genug zu Essen hast, und es ist noch genug Zeit dazu, um herauszufinden, ob Musik unabdingbar für Dich sein wird.« So lange dauerte es gar nicht, bis Kleiber akzeptierte, daß sein Sohn Dirigent werden würde. In Potsdam war es, wo der junge Kleiber als Kapellmeister 1954 antrat (nach einem unbeachteten Debüt am Pult in La Plata und einem Hineinschnuppern in das Münchner Gärtnerplatztheater), und zwar mit Karl Millöckers Operette *Gasparone* und unter dem Pseudonym Karl Keller, um durch den großen Vaternamen nicht belastet zu sein. Carlos Kleiber wollte sich später vor Lachen nicht beruhigen (dieses verbürgte Lachen zeigt, daß der Vaterkomplex nicht so traumatisch gewesen sein kann, wie immer wieder behauptet wird), als er *Carmen* an der

Wiener Staatsoper dirigierte und einen Brief von einem Zuschauer erhielt, der die Vorstellung im Fernsehen miterlebt hatte. Dieser Zuschauer drückte sein freudiges Erstaunen darüber aus, daß der Mann am Pult sich so jugendlich-spannkräftig erhalten habe: für einen Mann von 88 Jahren sehe er geradezu sensationell aus – er hatte den Sohn mit dem Vater verwechselt.

Es gibt eine einzige Möglichkeit, Vater und Sohn sowohl akustisch als auch optisch miteinander beim gleichen Stück zu vergleichen, es handelt sich um Strauß' Walzer *An der schönen blauen Donau*, den Erich Kleiber mit seiner Berliner Staatskapelle 1932 für die Filmkamera dirigiert hat, und Carlos Kleiber 1989 mit den Wiener Philharmonikern im Neujahrskonzert. Vergleicht man beide Dokumente miteinander, so muß man, mit Verlaub, ohne das hier näher begründen zu können, dem in Berlin geborenen Sohn die Wiener-Walzer-Verdienstmedaille

zuerkennen und nicht dem Sohn der Stadt Wien Erich, der doch hier ziemlich verpreußt wirkt.

Vom Potsdamer Beginn an ging es stetig, aber keineswegs steil bergauf. Lange Jahre war Carlos Kleiber noch relativ unbeachtet an der Deutschen Oper am Rhein engagiert, von 1956 bis 1963, und galt dort als ein äußerst gewissenhafter Korrepetitor, der zwar nicht besondes brillant Klavier spielte, aber durch penibles Studium und kaum ermüdbare Lernbereitschaft positiv auffiel und dann auch schon eine Menge kleineres Repertoire dirigierte. 1964 bis 1966 war er in Zürich engagiert und 1966 bis 1968 an der Stuttgarter Staatsoper. Es war die Stuttgarter Zeit, in der Kleiber, er näherte sich bereits seinem 40. Lebensjahr, durch fulminante Aufführungen weit über die schwäbischen Grenzen hinaus auffiel. Hier in Stuttgart wurden der Grundstein für seine Weltkarriere gelegt, wurde aber auch sein Ruf aufgebaut, ein ganz

Schwieriger zu sein. In die Annalen der Stuttgarter Oper ging ein Vorfall bei einem Gastspiel in Edinburgh ein, wo Kleiber den *Wozzeck* Alban Bergs zu dirigieren hatte, aber so kurzfristig absagte, daß kein Ersatz gefunden werden konnte. Der Intendant Walter Erich Schäfer suchte nach Möglichkeiten, Kleiber zu bestrafen, der Generalmusikdirektor Ferdinand Leitner soll öffentlich gesagt haben: wenn Kleiber nicht gefeuert wird, dann gehe ich, und auch Sänger lieferten Illoyalitätsadressen ab, aber als die Hausjuristen herausfanden, daß gegen die ärztlich bestätigte Krankheit Kleibers nicht anzugehen sei, blieb alles beim alten, das nötige Vertrauen zwischen den Parteien war allerdings dahin – Kleiber hat der Stuttgarter Oper diesen Vorfall nie verziehen. Ab 1968 war er dann also frei und hat sich nie wieder fest an ein Haus gebunden, die festeste Verbindung war die mit der Bayerischen Staatsoper, die von dem Stuttgarter Ärger profitierte. Bis 1973 gab es eine enge Bindung Kleibers an das Münchner Haus, dann bis 1988 eine gelockerte. Im Lichte der allerdings erheblichen Entzugserscheinungen, die Kleiber später seinen Verehrern zumutete, ist es nötig, daran zu erinnern, daß er an der Bayerischen Staatsoper immerhin, alle Akademiekonzerte, Tourneen mit dem Staatsorchester und die Japantournee der Staatsoper mitgerechnet, 260mal am Pult stand. Die siebziger Jahre machten Carlos Kleiber zu dem Enigma am Pult, zur bewunderten oder auch nur als skurril angesehenen Rätselfigur mit umjubelten Debüts an der Wiener Staatsoper 1973, in Bayreuth mit dem *Tristan* 1974, in Covent Garden und an der Mailänder Scala ebenfalls 1974, beide Male mit dem *Rosenkavalier*. Mit einer seiner raren Schallplattenaufnahmen, der *5. Symphonie*

von Beethoven, die er 1975 mit den Wiener Philharmonikern aufnahm, katapultierte er sich mit einem Schlag in die Spitzenriege der Schallplattendirigenten und konnte sich dort, zwischen den amtierenden Studiostars, deren größter Herbert von Karajan war, mit nur zwei Handvoll Aufnahmen eine Nische fürs Besondere erringen. Ein englischer Kritiker verstieg sich zu dem Vergleich, diese Beethoven-Aufnahme mache den Eindruck, als ob Homer wieder auf die Erde gekommen sei, um seine *Ilias* zu rezitieren – und auch wenn man das leicht übertrieben findet, hat sie bis heute unverstaubten Rang behalten.

Über Kleibers weitere Karriere ist, so merkwürdig das klingt, nicht viel hinzuzufügen. Er hat es fertiggebracht, trotz einer zunehmend abnehmenden Frequenz von Auftritten sich den Rang eines Dirigenten von Weltruf zu bewahren, obwohl er sich den Bedingungen des Musikbetriebs weitgehend entzogen hat. Sein letzter öffentlicher Auftritt, dies sei der Vollständigkeit halber hinzugefügt, fand mit dem Symphonieorchester des Bayerischen Rundfunks am 26. Februar 1999 in Cagliari statt und bestand aus einem echten Kleiberprogramm: die *4.* und *7. Symphonie* Beethovens und Strauß' *Fledermaus*-Ouvertüre als Zugabe. Die Parallele mit dem Pianisten Glenn Gould ist immer wieder gezogen worden, aber sie ist nicht ganz zutreffend, denn Gould hat ja seinen sehr frühen Entschluß, nie mehr öffentlich aufzutreten, eisern durchgehalten, während Kleiber einen solchen Entschluß weder gefaßt noch realisiert hat. Er hat nicht mehr und nicht weniger getan, als in seinen Karrierebogen ein gewaltiges Diminuendo einzubauen, und manche scheinen bis heute zu glauben, daß man das einem bedeutenden Dirigenten nicht durchgehen lassen dürfe.

Dirigentische Grösse

Was macht den großen Dirigenten aus? Die Fähigkeit, den Takt exakt zu schlagen, kann es nicht allein sein. Otto Klemperer hat (und andere haben das sinngemäß wiederholt) zu einem Gesprächspartner gesagt, daß er ihm das, was man an Schlagfertigkeit im dirigentischen Sinne brauche, in wenigen Minuten vermitteln könne. Herbert von Karajan bemerkte einmal zu Daniel Barenboim, daß die Anweisungen, die ein Dirigent einem Orchester geben könne, sich in sechs Begriffen zusammenfassen ließen: Zu laut, zu leise, zu spät, zu früh, zu schnell, zu langsam. Das Entscheidende liegt also anderswo. Klemperer nannte es Suggestionskraft, die Fähigkeit, das Orchester atmen zu lassen, die Fähigkeit, mit der Hand, den Händen den Lauf der Musik vorzuzeichnen, mit der Gelegenheit für die Orchestermusiker, durch die rhythmische Artikulation hindurch die Möglichkeit zum musikalischen Atmen zu haben. Die Aufgabe eines Dirigenten ist von verwirrender Vielfältigkeit. Er hat ja kein eigenes Instrument. Sein Instrument ist das ganze Orchester, das aus hundert menschlichen Instrumenten besteht, von denen jedes ein fertiger Musiker ist mit eigener Persönlichkeit, mehr oder weniger ausgeprägt, mit eigenem Willen. All diese Menschen soll der Dirigent wie *ein* Instrument mit *einem* Willen musizieren lassen. Das erfordert eine erhebliche Autorität, aber auch Einfühlungsqualität. Um diese Autorität auszuüben, sollte der Dirigent die Technik des Dirigierens perfekt beherrschen (auch das, was Klemperer in wenigen Minuten beibringen wollte, muß irgendwann erlernt werden), er sollte die Instrumente des Orchesters und ihre Spiel- und Ausdrucksmöglichkeiten gut kennen, am besten neben dem Klavier als Grundlage des Partiturspiels auch noch ein Orchesterinstrument einigermaßen spielen können, er muß die Partituren, ob Oper oder Symphonik, so inwendig kennen, daß er nicht an sie gefesselt ist (was nicht den geringsten Zwang zum »Auswendig« in sich trägt), und er muß, wie es Leonard Bernstein formulierte, eine unheimliche Kraft der Mitteilung haben – womit wir wieder bei der Suggestionskraft Klemperers sind, die wir mit einem Begriff, den Max Weber für den politischen oder religiösen Führer fungibel gemacht hat, Charisma nennen wollen. Weber geht es um den charismatischen Herrscher, dessen Herrschaft auf der affektuellen Hingabe an die Person des Herrschers und ihre Gnadengaben beruhe, als da sind: magische Fähigkeiten, Offenbarungen oder Heldentum, Macht des Geistes und der Rede. Die Quellen der persönlichen Hingebung sind nach Weber das ewig Neue, Außerwerktägliche, Niedagewesene und die emotionale Hingenommenheit dadurch. Es fällt nicht schwer, einige, nicht alle, dieser Herrscherqualitäten auf bedeutende Dirigenten zu übertragen. Jenes Charisma drückt sich am schönsten in der Anekdote über Arthur Nikisch, einen der ersten Pultstars der Moderne, aus, der mit sparsamen Bewegungen dennoch zu einem Pultlöwen wurde, wie man das damals schon nannte. Eine Dame der guten Leipziger Gesellschaft, wo Nikisch eine Zeitlang das Gewandhausorchester gleichzeitig mit den Berliner Philharmonikern leitete, soll zu ihrer Nachbarin gesagt haben: »Bitte stoßen Sie mich an, wenn er anfängt, zu faszinieren.«

Die Macht des Dirigenten

Daß Position und Tätigkeit des Dirigenten etwas mit Macht über das Orchester und das Publikum zu tun haben, hat niemand klarer erkannt als Elias Canetti, der in seinem theoretischen Hauptwerk *Masse und Macht*, erschienen 1960, aber bereits mehrere Jahrzehnte zuvor konzipiert, auch einige wenige, aber substantielle Seiten über den Dirigenten als Phänomen von Macht und Masse und Macht über Masse zugleich formuliert hat. Wer nichts über Macht weiß, so sagt er, kann alles Wesentliche aus der Beobachtung des Dirigenten lernen. Daß der Dirigent als einziger im Saal erhöht steht, ist bereits ein entscheidendes Signum, daß er mit der Partitur das Gesetzbuch der Aufführung als einziger in der Hand hat, während die Musiker nur ihre Einzelstimmen, die Zuhörer normalerweise nur das Programmheft vor sich haben, ein weiteres. Der Dirigent ist also allwissend und er ist allgegenwärtig, da er das Große und Ganze im Kopf und im Auge hat. Er weiß, was jeder machen soll, und er weiß, was jeder macht, nichts entgeht ihm. Sein Ohr sucht die Luft nach Verbotenem ab, und da während der Aufführung die Welt aus nichts anderem bestehen soll als aus der Realisierung des Werkes, ist der Dirigent für die Dauer der Aufführung der Herrscher der Welt – so Canetti. Durchaus mokant hat Theodor W. Adorno in seinen Betrachtungen über Dirigent und Orchester hinzugefügt, daß der Dirigent Herrschaft auch durch seine Tracht symbolisiere, »in eins die der Herrenschicht und des peitschenschwingenden Stallmeisters im Zirkus; freilich auch die der Oberkellner, schmeichelhaft für die Zuhörer: solch ein Herr und unser Diener, mag ihr

Unbewußtes registrieren«. Schon der halbwüchsige Richard Wagner hat davon geschwärmt: Nicht Kaiser und König sein, aber so dastehen wie ein Dirigent – das sei es, und Wagner hat in seiner Schrift *Über das Dirigieren* eine der wertvollsten Betrachtungen über diesen nicht wirklich erlernbaren Beruf hinterlassen, die jedem Adepten dieser Geheimkunst auch heute noch ans Herz zu legen ist. In einem liebevoll-ironischen Gedicht, in der anspruchsvollen Form eines Sonetts, hat der als Lyriker kaum noch registrierte Franz Werfel die Variante dieser Bilder und Interpretationen des Dirigenten entworfen. Es heißt *Der Dirigent* und ist ohne Zweifel auf den Freund Bruno Walter gemünzt:

Er reicht den Violinen eine Blume
Und ladet sie mit Schelmenblick zum Tanz.
Verzweifelt bettelt er das Blech um Glanz,
Und streut den Flöten kindlich manche Krume.

Tief beugt das Knie er vor dem Heiligtume
Des Pianissimos, der Klangmonstranz.
Doch zausen Stürme seinen Schwalbenschwanz,
Wenn er das Tutti aufpeitscht, sich zum Ruhme.

Mit Fäusten hält er fest den Schlußakkord.
Dann staunt er, hilflos eingepflanzt am Ort,
Dem ausgekommenen Klang nach wie ein Clown.

Zuletzt, daß er den Beifall, dankend, rüge,
Zeigt er belästigte Erlöserzüge,
Und zwingt uns, ihm noch Größres zuzutraun.

Dirigentische Grundtypen

Leonard Bernstein hat zwei Grundtypen des Dirigenten umrissen, den apollinischen und den dionysischen. Der erstere sei dem Ideal der Genauigkeit verpflichtet, schon durch die allmähliche, aber unaufhaltsame Einführung des Taktstockes, und die erste wirkliche Verkörperung dieses apollinischen Dirigententypus sei Felix Mendelssohn Bartholdy gewesen. Den scharfen Gegensatz, eben den dionysischen dazu, habe Richard Wagner gebildet. Für diesen Typus verdiene nur der den Ehrennamen Dirigent, der die Partitur durch seine eigene Empfindung und seinen schöpferischen Einfall zu persönlichem Leben erwecken könne. Wagner habe in diesem Sinne die leidenschaftliche Seite des Dirigierens betont. Es soll hier nicht diskutiert werden, ob Bernsteins historische Zuordnung und Fallbeispiele völlig die richtigen sind,

und natürlich haben solche Typisierungen auch ein kräftiges Moment der Entdifferenzierung an sich, aber es scheint unbestreitbar, daß Bernstein hier etwas ganz Richtiges, Zutreffendes bezeichnet hat, und es scheint auch deutlich zu sein, daß Carlos Kleibers Eigenart darin bestand, daß er eine dem Ideal nahe Verbindung zwischen dem Apollinischen und Dionysischen verkörperte, gewissermaßen ein »aponysischer« Dirigent war, dem der vitalistische Schwung ebenso selbstverständlich zur Verfügung stand wie die Fähigkeit, in die skrupulöseste Realisierung des kleinsten, unbeachtetsten Details sich zu versenken.

Wenn man von Filmbeispielen der dirigierenden Arturo Toscanini und Wilhelm Furtwängler zu Carlos Kleiber kommt und sich eine seiner erfreulich zahlreichen akustisch und optisch dokumentierten Aufführungen ansieht, dann wird man sehr bald feststellen können, daß

sein Dirigieren eine nahezu ideale Verbindung zwischen der glänzenden Oberflächenästhetik Toscaninis und der Tiefenlotung Furtwänglers darstellt. Um nicht mißverstanden zu werden: das bedeutet nicht, daß Kleiber die Legierung des Besten von zwei der bedeutendsten Dirigenten des 20. Jahrhunderts war, denn dann wäre er allen anderen und auch diesen beiden unendlich überlegen. Legierung bedeutet in diesem Fall, daß es auch gewisse leichte Defizite geben kann: beispielsweise wird man bei Kleiber, um nur dies zu nennen, eine sich verstärkende Neigung zur Betonung von Oberstimmen bemerken können, die eher Toscaninis Erbteil ist, während sie Furtwängler fremd war, und dies ist, bei allem Respekt gesagt, sicher ein gelegentliches Manko seiner Interpretationen. Überlegt man, welcher Dirigent vor Kleiber diese Mischung aus Toscanini und Furtwängler wohl annähernd verkörpert hat, dann fällt einem eigent-

lich nur einer ein, der heute keineswegs ausreichend bekannt ist: der Italiener Victor de Sabata, der vor langer Zeit einen legendär gewordenen *Tristan* in Bayreuth dirigiert hat. Man höre und sehe sich jenes Konzert an, in dem Kleiber die 2. *Symphonie* von Johannes Brahms mit den Wiener Philharmonikern 1991 dirigierte. Wie er hier das filigrane Wunderwerk des 3. Satzes gestaltet, ist einzigartig. Es würde einem vielleicht beim ersten Sehen gar nicht unmittelbar auffallen, aber er macht etwas völlig Ungewöhnliches. Obwohl er Rechtshänder ist und den Taktstock in eben dieser Hand hat, dirigiert er den ganzen Satz nahezu ausschließlich mit der linken Hand, formt mit delikatester Zeichengebung eine Klangskulptur.

Dirigiertechnik

Carlos Kleibers Dirigiertechnik war, das war das dem Laien wohl zunächst Auffallendste an seiner Kunst, und es fällt auch hier sogleich auf, von einer wirklich einzigartigen Eleganz und Virtuosität der Zeichengebung und Stabführung. Da wirkt selbst Herbert von Karajan geradezu hölzern dagegen, was sicher auch damit zu tun hatte, daß Kleiber ziemlich groß war und nahezu endlose Arme hatte. Körperlich kleine Dirigenten wie Erich Kleiber und Karajan neigen aus diesem Grund zu leicht napoleonischem Gehabe auf dem Pult, Carlos Kleiber hatte das nicht nötig. Für die Orchestermusiker wie für die Sänger ist nicht so sehr die Eleganz maßgebend, sondern die Klarheit der Zeichengebung. Man muß schon Furtwängler heißen und ein, zwei Orchester leiten, die ganz auf einen eingeschworen sind, um diese Klarheit souverän vernachlässigen zu können. Die Eleganz der Bewegung, zunächst der Arme und Hände, dann auch des Körpers, kommt für die vom Dirigenten geführten Musiker an zweiter Stelle, für den Zuhörer im Saal wahrscheinlich eher an erster. Dennoch hatte man bei Kleiber nie das Gefühl einer Showmanship, das man durchaus hat, wenn man den jüngeren Celibidache in Filmaufnahmen sieht, wenn sich der Körper auf dem Pult wie beim Bodenturnen dehnt und biegt, oder wie man es bei Bernstein hatte, wohl kaum als kalkulierter Effekt zu verstehen, wenn die Luftsprünge und das tiefe Stöhnen ausbrachen.

Eine der wenigen Äußerungen Carlos Kleibers über seinen Vater als Dirigenten beschreibt, wie er diesen bei einer *Elektra*-Probe in München beobachtete, und wie es ihm plötzlich vorkam, als würden auf einem Höhepunkt des Werkes die sich bewegenden Arme immer länger und länger und würden in einer Unio mystica mit dem Geschehen auf der Bühne und im Graben verschmelzen. Versenkung und Konzentration waren auch Carlos Kleiber in höchstem Maße zu eigen. Nach einer *Rosenkavalier*-Vorstellung an der Mailänder Scala beklagte er sich hinterher, daß das Orchester eine Zeitlang während der Vorstellung nervös und unkonzentriert gewesen sei. Man mußte ihn darüber aufklären, daß gerade das Erdbeben in Friaul stattgefunden hatte und auch in der Scala deutlich bemerkbar war, nur der Dirigent hatte davon nichts mitbekommen.

Ganz ungewöhnlich war bei Kleiber die Unabhängigkeit der Arme und Hände. Jeder hat schon mal das Experiment gemacht, zu versuchen, den einen angewinkelten Arm vorwärts zu drehen, den anderen Arm gleichzeitig rückwärts. Der psychophysische Parallelismus läßt es nur unter großen Anstrengungen und Konzentration zu, dies durchzuführen. Für Kleiber scheint das kein Problem gewesen zu sein und half ihm, bei komplizierten Partituren übereinandergeschichtete antagonistische Rhythmen gleichzeitig zu dirigieren, wie überhaupt die Gleichberechtigung der Arme bei ihm weit über das Normalmaß der Führungshand und der Begleithand hinausging, die sich im Normalfall fast nur auf Dämpfung oder Agitierung des Orchesters beschränkt (wie etwa bei Toscanini). Nach Kleiber befragte Orchestermusiker haben übereinstimmend bekundet, daß ihnen Kleiber immer als einzigartig erschienen sei, unabhängig von der Eindruckskraft seiner Interpretation, durch die offensichtlich völlig außergewöhnliche Mischung aus Präzision, Entspanntheit und Eleganz. Sein Dirigierstil war immer leidenschaftlich und stimulierend, aber ohne jeden Hauch von Gewaltsamkeit, der ja auch großen Dirigenten eigen sein kann, am stärksten bei Toscanini bemerkbar, aber auch bei Klemperer. Überraschend ist sicherlich die ebenfalls einhellig geäußerte Meinung, daß Kleiber, als Perfektionist beschrieben, manchmal verschrieen, in entscheidenden Momenten der Aufführung auf Risiko dirigieren konnte. In einer Probe mit dem Orchester des Süddeutschen Rundfunks sagt er zu den Musikern: »Mir ist lieber, ich weiß, Sie schlagen mich jetzt tot, das Ding ist heillos auseinander, und sagt einem was, als daß wir ganz sicher sind.« Ein Trompeter des Covent-Garden-Orchesters berichtet, daß in Aufführungen des Verdischen *Otello* Kleiber es liebte, in riskanten Rubato-Passagen, gewaltigen Steigerungen des Tempos, für zwei kurze Takte aus dem Rubato-Prozeß herauszufallen, um ihn dann wieder aufzunehmen. Das sind winzige Dinge, die der Hörer kaum bewußt realisiert, die aber das Orchester zwingen, gleichsam auf Zehenspitzen zu musizieren, mit höchster Konzentration, um nicht vom Trapez zu fallen oder vom Rücken des galoppierenden Pferdes – und der Reiter, der die Zügel nachläßt und anzieht, heißt Carlos Kleiber.

Der Risiko-Dirigent

Nie war er in Gefahr, dem zu huldigen, was die Engländer »overconducting« nennen. Manchmal schien für wenige Sekunden die Konzentration nachzulassen, Kleiber trat auf dem Pult einen winzigen Schritt zurück, hielt sich mit der linken Hand an der Brüstung des Pultes fest, was er gerne tat, schien aus dem Geschehen sich abzumelden, überließ das Orchester scheinbar sich selbst, aber in dem Moment, wo winzige Unregelmäßigkeiten sich einzuschleichen begannen, hatte er den Klangkörper mit einer Vibration seines stabführenden Armes wieder unter Kontrolle, die er in Wirklichkeit nie verloren hatte. Man könnte diesen Stil auch den des kalkulierten Risikos nennen, einen Impromptu-Stil, der dennoch nichts, aber auch gar nichts Unkonzentriertes, Fahriges an sich hat. Unerreicht war sein Raffinement der Phrasierung, die Art, wie sein Schlag einen Sekundenbruchteil früher kam, wenn er wußte, daß das Tempo an dieser Stelle oft verschleppt wurde, oder wenn er im Gegenteil eine winzige Verzögerung einbaute, wenn das Orchester normalerweise zum Schnellerwerden neigte. In langsamen Dreiviertelpassagen, so hat er selbst es gesagt, schlug er

absichtlich das dritte Viertel nicht so exakt, um die Musiker zu höherer Aufmerksamkeit zu veranlassen. Die Orchestermusiker waren sich darüber einig, daß Kleiber ein Dirigent für Fortgeschrittene war. Er hatte als junger Kapellmeister auch mit weniger guten Orchestern gearbeitet und auch dabei nach und nach immer bessere Resultate erzielt, aber es war sein Glück, daß er im Hauptteil seiner Karriere nur mit sehr guten bis überragenden Orchestern arbeiten konnte. Äußerungen von Selbstzufriedenheit oder Eitelkeit sind von ihm nicht bekannt. Das Äußerste, was er mehrfach in Proben sagte, war: wenn er überhaupt etwas könne, dann, sofort zu merken, wenn die Musiker im Orchester nicht aufeinander hörten, und Vorschläge zu machen, wie das abzustellen bzw. zu verbessern sei. Mit Bertolt Brechts Formulierung für den eigenen Grabstein: »Er hat Vorschläge gemacht. Wir haben sie angenommen« wäre Kleiber hoch zufrieden gewesen.

Ein weiteres: Es gibt wohl keinen zweiten Dirigenten, bei dem die Eleganz des Körpers, der Arme und der Hände sich in solchem Maße auf den Stab übertragen hat. Das Wort »Taktstock« verlor seinen harten, gebieterischen Klang bei ihm, der Taktstock wurde zu einer Schlange, die in das Orchester hineinzuzüngeln schien und in der Oper auf die Bühne hinaufleckte. »Und Aaron warf seinen Stab vor Pharao und seinen Knechten und er ward zur Schlange« – Carlos Kleiber war der Aaron auf dem Dirigentenpult. Das ist für uns Nachgebliebene nirgends besser zu beobachten als in der *Rosenkavalier*-Aufführung des Jahres 1994 aus der Wiener Staatsoper. Es genügt für diesen Zweck vollauf, sich die drei Aktvorspiele nacheinander anzuschauen, speziell das zum 3. Akt. In ihm wird ja vorweggenommen, was die Marschallin dann zum Kommissar sagen wird: »Das Ganze war halt eine Farce und weiter nichts.« Das Vorspiel stellt, mit einem »Vivace possibile« beginnend, in nuce ja nichts anderes musikalisch dar als die verwickelten Verschwörungen Valzacchis und Anninas im Dienste ihres neuen Auftraggebers Octavian und ist ein musikalisches Intrigen-, Verkleidungs- und Verwechslungsspiel, das höchste Orchestervirtuosität fordert und einen Dirigenten, der hier ein musikalischer Rastelli sein, Freiheit und Präzision in ein ideales Gleichgewicht bringen muß. Staunenswert ist vor allem, wie Kleiber in diesem orchestralen Hexenritt magistrale Ruhe und Übersicht bewahrt. Wenn die zu Anfang zitierte Anekdote wirklich stimmt, daß Carlos Kleiber einst als junger Dirigent vor der *Rosenkavalier*-Aufnahme des Vaters verzweifelt ausrief: »Das werde ich nie erreichen«, dann hat er allerspätestens hier den Vater zumindest egalisiert, und auf der Spitze des vibrierenden, zuckenden Dirigentenstabes tanzt eine schwindelig gewordene Gesellschaft dem Ende einer Farce und damit ihrem eigenen Ende entgegen.

Der Perfektionist

Carlos Kleiber, der Maestro des kalkulierten Risikos, aber wie verhält es sich mit Kleiber, dem Perfektionisten, der unter seinem eigenen Perfektionsstreben immer mehr zu leiden begann? Das ist sicherlich die andere Seite des janusköpfigen Dirigenten. Wenn wir uns dieser Seite Kleibers zuwenden, dann können wir uns dem nähern auf dem nur scheinbaren Umweg über den Begriff des

Exzentrikers. Das Wort »Exzentriker« allerdings müßte man für sich wiederum in Anführungszeichen setzen, vor allem nicht in einem pejorativen Sinne verstehen. Natürlich war Kleiber schwierig. So liebenswürdig er meist auf Proben mit seinen Musikern war, so verzweifelt und wütend aus Enttäuschung konnte er sein, wenn all sein Herzblut, das er in den Proben gegeben hatte, durch Nachlässigkeit und Routine in den Aufführungen vergebens gewesen zu sein schien. Impromptu bedeutet bei ihm nicht Improvisation. Er konnte sich auf Vater Erich berufen, der immer wieder zu sagen pflegte: »Routine und Improvisation sind Todfeinde der Kunst« – ich weiß nicht, ob der Sohn diesen Satz je benutzt hat. Carlos Kleiber hätte zu seinem Wappenspruch auch einen berühmten Ausspruch Gustav Mahlers wählen können, der meist ärgerlich verkürzend zitiert wird als »Tradition ist Schlamperei«, einen Satz, wie ihn Mahler

niemals über die Lippen gebracht hätte. In Wirklichkeit lautete dieser Satz: »Was Ihr Theaterleute Eure Tradition nennt, ist nichts anderes als Eure Bequemlichkeit und Schlamperei.« Es ging Carlos Kleiber immer ums Ganze, und deshalb geriet er außer sich, wenn er Bequemlichkeit und Schlamperei witterte oder sie ihm unverstellt begegneten. Ich sehe überhaupt in Carlos Kleiber diejenige Dirigenten-Persönlichkeit der letzten Jahrzehnte, deren Signatur am ehesten der des Dirigenten Gustav Mahler nahekommt, und ich halte es für einen Verlust für ihn und für uns, daß er meines Wissens nie eine Mahler-Symphonie dirigiert hat. Daß er Mahler überhaupt nie dirigiert habe, wie immer wieder zu lesen ist, stimmt nicht: es gibt den Mitschnitt einer Aufführung des *Liedes von der Erde* aus dem Jahr 1967 in Wien. Peter Gülke hat es in seinem Nachruf, dem treffendsten Text zu Kleibers Tod, so formuliert: »Kleibers exzentrische Persönlichkeit

hat es leicht gemacht, als vornehmlich individuell bedingt zu verkleinern, was eher ein historisch dimensionierter Sachverhalt sein dürfte – die Bewahrung eines aufs Ganze gehenden ›fundamentalistischen‹ Identifikationsanspruchs, wie insbesondere Gustav Mahler und Wilhelm Furtwängler ihn vertraten.«

Kleiber ging es ums Ganze, Kleiber ging immer aufs Ganze – mußten ihm da nicht die Bedingungen unseres Musikbetriebes zunehmend unwirtlich erscheinen, beengend, einschränkend, verkleinernd, nicht den Dirigenten verkleinernd, sondern das auratische Kunstwerk verkleinernd, um das es Kleiber immer ging. Er war sich, so mein Eindruck, der von Menschen, die ihn besser kannten, bestätigt wird, zwar durchaus seines Könnens und Wertes bewußt, aber er war nicht selbstverliebt, sondern er war verliebt ins Gelingen der Aufführung eines seiner geliebten Werke, und wenn diese nicht so gelang, wie er

sie sich als Utopie vorgestellt hatte, dann reagierte er mit der Enttäuschung und Verzweiflung des vergeblich Verliebten, mit dem Furor des Hintergangenen. Sein Sich-Zurückziehen aus der Öffentlichkeit, sein Sich-Verweigern war doch nicht Pose, um seinen Marktwert zu steigern (daß dieser Nebeneffekt eintrat, war ihm wohl bewußt, aber dieser Effekt war nicht Ziel, sondern Begleiterscheinung). Es hatte sicherlich mit einer zunehmend behindernden Selbstkritik zu tun, resultierte aber auch aus jener Erkenntnis, die bereits der Mittdreißiger Mahler hatte, als er schrieb: »Glaube mir, unser Kunstleben ist derzeit in keiner Form mehr für mich verlockend. Es ist schließlich immer und überall das selbe verlogene, vom Grund verpestete, unehrliche Gebaren.«

Dirigent und Bühne

Man wird Carlos Kleiber doch wohl verstehen können, wenn er gegenüber dem Kunstleben unserer Tage Ähnliches empfand. Solange er noch mittendrin war, machte er sich gelegentlich unbeliebt, weil er sich etwa als Operndirigent auch in die Belange des Szenischen einmischte. Und wenn Regisseure immer wieder behaupten, daß sie es ganz wunderbar finden, wenn der Dirigent der vorzubereitenden Premiere von den ersten Proben an dabei ist, dann haben sie Carlos Kleiber nicht kennengelernt. In seiner Stuttgarter Zeit arbeitete er bei Carl Maria von Webers *Freischütz* mit Walter Felsenstein zusammen, dem legendären »Erfinder« des modernen Regietheaters. Es war eine schwierige Zeit. Mitwirkende Sänger erinnern sich an tägliche Diskussionen und Streitigkeiten. Felsenstein zog die Sänger hinter die Kulisse und be-

schwor sie: »Nehmen Sie bitte absolut keine Notiz von diesem Kleiber«, Kleiber wiederum sprang auf die Bühne und flüsterte vernehmlich: »Ignorieren Sie diesen Mann«, auf Felsenstein deutend. Nach der Premiere, deren Erfolg für Kleiber größer war als für den Regisseur, und als Felsenstein bereits wieder abgereist war, kam Kleiber zum Intendanten Schäfer und sagte: »Ich vermisse diesen Felsenstein. Meinen Sie, ich sollte ihm eine Postkarte schreiben?« August Everding, der mit Kleiber in Bayreuth den legendären *Tristan* inszenierte, war überglücklich mit seinem Dirigenten, nicht so glücklich mit dem mitinszenierenden Kollegen. Kleiber war bei allen Proben dabei, und bei der ersten Bühnenprobe zum zweiten Akt kam er mit dem Ausdruck tiefster Depression zu Everding und sagte: »Alles ganz gut und schön, aber Wagner schreibt vor, daß hier eine Mauer zu stehen habe.« Everding darauf: »Wir brauchen diese Mauer nicht.«

Kleiber: »Aber hier steht doch ›Brangäne blickt über eine Mauer‹.« Everding: »Wir brauchen keine reale Mauer, wir können die Existenz einer Mauer auch anders beglaubigen.« Kleiber war absolut nicht zu überzeugen und schlich in noch größerer Verzweiflung von dannen, Everding seinerseits geriet in gelinde Panik, ob er denn sein Publikum überzeugen könne, wenn er schon nicht seinen Dirigenten überzeugt hatte. Von hier aus erklärt sich, warum Kleiber sich mit Franco Zeffirelli gut verstand und, was viele nicht akzeptierten, es lieber mit einer gut abgehangenen Otto-Schenk-Inszenierung aushielt, als sich den Unwägbarkeiten des Regietheaters auszusetzen.

Im Studio

Kleibers Perfektionismus, dies bei einem Dirigenten, der seine ersten Plattenproduktionen sogleich mit den Wiener Philharmonikern machen durfte, scheint ihn zunehmend geknebelt zu haben. Das kulminierte in der bis heute von Gerüchten umschwirrten Dresdener Schallplattenproduktion von Wagners *Tristan und Isolde*. Kleiber hatte die Dresdener Staatskapelle zur Verfügung, als er im August 1980 ins Studio ging, damals wie heute eines der besten deutschen Orchester, das von Wagner selbst als »vollkommenstes Instrument des deutschen Vaterlandes« gelobt worden war, und er hatte Traumbedingungen: zunächst zehn volle Orchesterproben in der Dresdener Lukaskirche, dann im Oktober 20 Aufnahmesitzungen mit sämtlichen Mitwirkenden und die Aufnahmen in der richtigen Reihenfolge von Anfang bis Ende, nur die

Vorspiele zum 1. und 3. Akt sollten, wie durchaus üblich, zuletzt eingespielt werden. Kleiber hatte Margaret Price als Wunschbesetzung für die Isolde, keine Wagner-Heroine, sondern ein wunderbarer lyrischer Sopran mit Steigerungsmöglichkeiten und exquisiter Stimmschönheit, die die Isolde weder zuvor noch später je auf der Bühne gesungen hat, und er hatte René Kollo als Tristan. Es gab bei den Aufnahmen von Tristans Wahnrasereien in der Mitte des dritten Aktes den entscheidenden Krach (über den präzisen Anlaß dazu schweigen sich die Informationen aus, aber er hatte wohl eher mit dem Orchester zu tun als mit dem oder mit den Sängern). Kleiber stürmte hinaus, erklärte den Abbruch der Aufnahme, die bereits ein Heidengeld gekostet hatte, und hat in der Tat nie wieder ein Aufnahmestudio betreten. Was war zu tun? Die entscheidende Passage Tristans wurde später nachsynchronisiert, der Schluß des Werkes war gegen die Regel bereits aufgenommen, und was die fehlenden Vorspiele betraf, so hatte der Produzent bei den ersten Proben glücklicherweise das Band mitlaufen lassen. Dennoch waren nicht alle Passagen in dem Zustand, den man im Fachjargon bezeichnenderweise »gestorben« nennt, was heißen soll: reif für die Veröffentlichung. Was gestorben ist, wird für die Ewigkeit konserviert – Kleiber hatte einen Horror vor dem nekrophilen Element dieser Art von Aufbewahrung, auf der anderen Seite, und das ist der Widerspruch in ihm selbst gewesen, mochte er Live-Mitschnitte nicht so sehr, weil sie nicht wirklich perfekt sein konnten. Kleiber gab das, was, wenn schon nicht gestorben, so doch »im Kasten« war, nicht frei. Erst zwei Jahre später kam es zu einer Art Abschluß, wie Peter Gülke berichtet, der in Dresden assistierend geholfen hatte und jetzt bei dem Versuch dabei war, aus dem Material eine Veröffentlichung zu machen. Schließlich war es soweit: Es wurde ein Produkt zusammengefügt und, wie Gülke sagt, die Ungeduld und Ermüdung Kleibers dazu benützt, um ihn zur Freigabe zu überreden. Unvergeßlich ist Gülke, daß Kleiber zum Abschied zu ihm sagte. »Sie haben mich heute zum unglücklichsten Mann der Welt gemacht.« Dazu passend erscheint die Bemerkung eines Mitglieds der Dresdener Staatskapelle während der Aufnahmen, auf den Dirigenten gemünzt: »Jetzt weiß ich, wie die frühen Christen ins Martyrium gingen.« Ebenfalls paßt dazu erneut Gustav Mahler: »Andere pflegen sich und ruinieren das Theater. Ich ruiniere mich und pflege das Theater.« An der fertigen Aufnahme des *Tristan* scheiden sich bis heute die Geister, eigentlich ist es die einzige Aufnahme Kleibers, die kontroverse Reaktionen hervorgerufen hat. Es gibt Hörer, die mit guten Gründen die auf dem grauen Markt kursierenden Mitschnitte von Kleibers Bayreuther *Tristan*-Aufführungen 1974-1976 deutlich vorziehen, die er selbst wohl nie freigegeben hätte.

Das Repertoire

Was nun den immer wieder auftauchenden Tadel Kleibers wegen des geringen Umfangs seines Repertoires betrifft, so ist festzustellen, daß das Repertoire seiner Erfolgsjahre neben allen anderen Dirigenten seines Bekanntheitsgrades in der Tat auffällig schmal ist. Dies war nicht immer so: In seinen Anfängen, vor allem an der Deutschen Oper am Rhein, hat Kleiber eine weit größere Bandbreite dirigiert, als heute noch bekannt ist: wir finden da

Puccinis *Madama Butterfly*, Verdis *I due Foscari* und *Rigoletto*, Lehárs *Lustige Witwe*, Ravels *L'Heure espagnole*, Humperdincks *Hänsel und Gretel*, Lortzings *Waffenschmied*, Millöckers *Bettelstudent*, Egks *Revisor*, auch eine Kuriosität wie Leoncavallos *König Ödipus*, Strauss' *Daphne*, Offenbachs *Hoffmanns Erzählungen* und *Schöne Helena*. Die Konzentrierung seines Opernrepertoires späterhin ist nicht einschneidender als die von Wilhelm Furtwängler: *Freischütz, Fledermaus, Tristan, Wozzeck, Elektra, Rosenkavalier, Traviata, Carmen, Otello* und *Bohème* waren die Werke, mit denen sich Carlos Kleiber in den letzten 30 Jahren seines Lebens im Opernhaus auseinandergesetzt hat – so wenig nun auch wieder nicht. Wirklich auffallend ist allerdings die von Anfang an gegebene Begrenzung des symphonischen Repertoires, aber dabei muß bedacht werden, daß etwa Furtwängler zeit seines Lebens primär Konzertdirigent war, während Kleiber primär Operndirigent war. Selbst daran gemessen war sein Repertoire klein, man wird es sogar beschränkt nennen müssen: Mozarts *Linzer Symphonie*, Beethovens *4., 5.* und *7. Symphonie*, sowie *Coriolan-Ouvertüre*, Brahms' *2.* und *4. Symphonie*, Schuberts *3.*, *Unvollendete* und *C-Dur-Symphonie* sowie als Schmankerl immer wieder die *Freischütz-* und *Fledermaus*-Ouvertüre, aber wer wollte darüber posthum mit Carlos Kleiber rechten? Von den Viel- und Alles-Dirigenten gibt es genug, auch vorzügliche Exemplare. Auch hier muß allerdings darauf hingewiesen werden, daß dieses Repertoire beim jüngeren Kleiber umfangreicher war, sich aber zusehends auf den genannten Kernbestand verengte. Es sollte soviel Toleranz aufzuwenden sein, auch Interpreten zu akzeptieren, die ihre anverwandelnde

Anstrengung auf wenige »Rochers de Bronze« konzentrieren. Zu all den angeblichen oder wirklichen Eigenarten des sich dem Betrieb entziehenden Carlos Kleiber wäre Theodor Lessing zu zitieren, der einst über Stefan George sagte, mit dem Kleiber ansonsten nicht zu vergleichen ist: »Diese großen Attitüden waren aber nicht gespielt, sondern waren der natürliche Schutz einer verletzlichen Seele, die sich umzirkt, weil sie im Alltag nicht blühen kann.«

Humor

Kleiber, der Verzweifelte, Kleiber, der Leidende, Kleiber, der Märtyrer – das alles hat sein Wahrheitsmoment, aber es soll dennoch kein falsches Bild entstehen. Kleiber war kein Schmerzensmann in Permanenz, weder auf dem Pult noch gar privat. Übereinstimmend wird sein Humor geschildert, der durchaus Züge von Sarkasmus und bösem Witz haben konnte, wie sie auch von Erich Kleiber geschildert werden. Zusammen mit dem Regisseur Erich Engel arbeitete Erich Kleiber einmal in Buenos Aires an der *Walküre*. Mit der Leistung der Sängerinnen der Walküren im 3. Akt waren beide höchst unzufrieden, und Engel erfand neue Namen für die Damen, die Kleiber begeistert ergänzte und übernahm: aus Gerhilde, Ortlinde, Waltraute, Schwertleite, Helmwige, Siegrune, Grimgerde und Rossweisse (für sich allein genommen, außer für Wagnerianer und Germanophile ja schon nicht ohne einen gewissen humoristischen Effekt) machten sie: Schmeißweiße, Schlepptraute, Quetschhilde, Fettwige, Grausgerde, Stinklinde, Falschleite und Miesrune. Auch

Carlos Kleiber konnte sarkastisch sein. Das schönste der öffentlich gemachten Beispiele ist sicherlich jener Brief aus dem Jahr 1989, den er im Namen Arturo Toscaninis an Sergiu Celibidache schickte. Nachdem im *Spiegel* Äußerungen Celibidaches unwidersprochen zitiert wurden, daß nämlich Karajan entweder ein guter Geschäftsmann sei oder nicht hören könne, daß Toscanini eine reine Notenfabrik, Knappertsbusch ein Skandal sei, Unmusik bis dorthinaus, und Karl Böhm ein Kartoffelsack, der noch keinen einzigen Takt Musik in seinem Leben dirigiert habe, antwortete Toscanini (Himmel) durch sein Medium Carlos Kleiber in einem Telex an Celibidache (München) folgendermaßen:

»Lieber Sergiu! Wir haben im Spiegel von Dir gelesen. Du nervst, aber wir vergeben Dir. Es bleibt uns nichts anderes übrig: Vergeben gehört hier zum guten Ton. Kartoffelsack-Karli erhob einige Einwände, aber als Kna und ich ihm gut zugeredet und ihm versichert haben, daß er musikalisch sei, hörte er auf zu lamentieren. Wilhelm behauptet jetzt plötzlich steif und fest, daß er Deinen Namen noch nie gehört hat. Papa Joseph, Wolfgang Amadeus, Ludwig, Johannes und Anton sagen, daß ihnen die zweiten Violinen auf der rechten Seite lieber und daß alle Deine Tempi falsch sind. Aber eigentlich kümmern sie sich einen Dreck drum. Hier oben darf man sich sowieso nicht um Dreck kümmern. Der Boss will es nicht. Ein alter Meister des Zen, der gleich nebenan wohnt, sagt, daß Du den Zen-Buddhismus total falsch verstanden hast. Bruno hat sich über Deine Bemerkungen halb krankgelacht. Ich habe den Verdacht, daß er Dein Urteil über mich und Karli insgeheim teilt. Vielleicht könntest Du zur Abwechslung mal auch was Gemeines über ihn sagen, er fühlt sich sonst so ausgeschlossen. Es tut mir leid, Dir das sagen zu müssen, aber hier oben sind alle ganz verrückt nach Herbert, ja die Dirigenten sind sogar ein klein bißchen eifersüchtig auf ihn. Wir können es kaum erwarten, ihn in etwa fünfzehn bis zwanzig Jahren hier herzlich willkommen zu heißen. Schade, daß Du dann nicht dabeisein kannst. Aber man sagt, daß dort, wo Du hinkommst, viel besser gekocht wird, und daß die Orchester dort unten endlos proben. Sie machen sogar absichtlich kleine Fehler, damit Du sie bis in alle Ewigkeit korrigieren kannst. Ich bin sicher, daß Dir das gefallen wird, Sergiu. Hier oben lesen die Engel alles direkt von den Augen der Komponisten ab, wir Dirigenten brauchen nur zuzuhören. Nur Gott weiß, wie ich hierher gekommen bin. Viel Spaß wünscht Dir in aller Liebe Arturo.«

Die Maßstäbe, die Carlos Kleiber an sich selbst legte, wurden offensichtlich immer strenger. Ihm näher Stehende haben vermutet, daß er an seiner Selbstbeschränkung auch gelitten hat und voller Bewunderung war für Kollegen, die ein erheblich größeres Repertoire souverän verwalteten; so saß er ausdauernd in Karajans Salzburger *Ring*-Proben und hat doch diese Erkenntnisse nicht für sich selbst umgesetzt.

Probentechnik

Werfen wir nun einen Blick auf Kleibers Probentechnik. Wie erwähnt konnte er mit Orchestermitgliedern zürnen, wenn etwas schieflief, aber letztlich bezog er Versagen oder Mißlingen immer auf das eigene Schuldkonto. Nach einer nicht völlig gelungenen Generalprobe an der Mai-

länder Scala rief er verzweifelt aus: »Warum kann ich Ihnen nicht klarmachen, was ich möchte. Ich bin als Dirigent ungeeignet.« Ein anderer verbürgter Ausspruch in einer Probe war: »Verzeihen Sie, es war mein Fehler, ich habe diese Passage nicht klar genug geschlagen, ich muß mir das noch einmal genau anschauen« – welcher weltberühmte Dirigent ist heute bereit, so etwas vor dem Moloch Orchester zuzugeben? Es ist evident, daß er eine eminente Begabung hatte, seine Intentionen nicht nur durch Körper- und Gebärdensprache sowie musikalische Direktiven zu vermitteln, sondern auch durch verbal-metaphorische Artikulation. Erhalten ist ein höchst eindrucksvolles Film-Dokument von Proben zur *Freischütz-* und zur *Fledermaus*-Ouvertüre, die er 1970 mit dem Südfunk-Sinfonie-Orchester Stuttgart abhielt. Wie er hier Aspekte der *Freischütz*-Ouvertüre durch ein bilderreiches Deutsch dolmetscht, das scheint beim

Orchester nicht ohne Wirkung zu bleiben. Orchestermusiker mögen bekanntlich allzuviel redende und aus- und abschweifende Dirigenten nicht besonders, im Fall Kleibers aber wird mehrfach kolportiert, daß sie von seiner Fähigkeit überrumpelt wurden, für schwierige Sachverhalte das richtige Bild zu finden. Kleiber sprach offensichtlich relativ viel bei den Proben, aber es scheint ihm nicht übelgenommen worden zu sein. Als er in Covent Garden bei einer *Bohème*-Probe einmal eine Passage besonders durchsichtig haben wollte, mit einem leichten Hervortreten der Holzbläser, genügte sein Hinweis: »Stellen Sie sich vor, Sie versuchen durch das Nachtgewand einer schönen Frau zu spähen, und stellen Sie sich weiter vor, daß die Holzbläser genau die Objekte sind, auf die Sie besonders neugierig sind«, und schon hatte das anzunehmenderweise rein männliche Orchester verstanden. An der Scala verlangte er bei einer *Otello*-Probe im ersten Akt vor Beginn des abschließenden Duetts von Otello und Desdemona einen besonders gewichtslosen, transparenten Klang. »Spielen Sie, als ob Sie Schneekristalle auf einen Weihnachtsbaum sprühen«, und schon hatte er, was er wollte. Einer seiner berühmteren Aussprüche bei der ersten Probe mit einem berühmten Orchester war aber auch: »Meine Herren, ich habe für jeden Tag einen Rückflug gebucht« – wer das nur als witzig oder boshaft interpretiert, verkennt das Element der Selbstbestrafung an solch durchaus ernstgemeinter Drohung. Die berüchtigte hohe Zahl von Proben, die er verlangte ab dem Zeitpunkt, da er des Zugeständnisses sicher sein konnte, hätte er mit Hans von Bülow, dem ersten Pultstar der Moderne, verteidigen können: »Zu Beethoven und Brahms – meiner anerkann-

ten Spezialität – brauche ich Proben, Proben, Proben. Gute Aufführungen davon sind nicht herzustellen per Inspiration, Magnetismus, Zelebritätsweihrauch und Myrrhen.« Und ein anderes Diktum Bülows, dem Kleiber in Witz und Sarkasmus ähnelte, hätte ihm ebenfalls gefallen. »Der Interpret soll das Gegenteil des Totengräbers sein, er soll das Verborgene ans Tageslicht fördern.«

Berühmt-berüchtigt sind die teilweise auch akustisch dokumentierten Wutausbrüche Arturo Toscaninis bei Proben. Gespickt mit den dreckigsten italienischen Flüchen, verbalisiert mit einem eigenartigen Gemisch aus Englisch und Italienisch und begleitet von peitschenden Hieben des Taktstocks auf das Dirigentenpult, gelegentlich auch durch das Zertrampeln von angeblich silbernen Taschenuhren, die, wie erzählt wird, nur billige Imitate waren, wird hier ein Schreckensregiment über die sich duckenden Orchestermusiker ausgeübt, das selbst um 1950, als diese Ausbrüche mitgeschnitten wurden, bereits anachronistisch war. Ganz anders Kleiber in dem genannten Probendokument: er ist verbindlich, eloquent, geradezu liebenswürdig, auch liebenswert, aber es ist bemerkbar, wie angespannt er ist, auf welchem Grad an Hochspannung diese Eleganz basiert. Kleiber, damals 40 Jahre alt und sportlich durchtrainiert wirkend, ist permanent leicht außer Atem, aber wohl nicht, weil er sich allzu exzessiv bewegt, sondern weil er sich mit einer nicht nachlassenden Intensität in die Partitur und das Orchester hineinwühlt. Kräftezehrender als er kann man nicht probieren, aber wenn man dann das gewaltige Crescendo hört, das er aus dem Orchester in der *Freischütz*-Ouvertüre herausholt, ahnt man, warum es sich doch lohnt, so zu arbeiten.

Der Schwierige

Carlos Kleiber, der Schwierige, war kein Mensch der Kantinenfreundschaften, wie man sich vorstellen kann. Seine Bewunderung für den bayerischen König Ludwig II. stieg immer mehr, je mehr er sich in den Gazetten als Sonderling, als Exzentriker dargestellt sah, was ihn sicher nur ephemer beschäftigt hat. Auf allzu große Suche nach Nähe reagierte er mit ironisch abwimmelnder Höflichkeit, wie sie Peter Gülke erlebt hat. Dennoch hatte er keine wirklichen Feinde. Es gibt Schwierige, denen man fast alles verzeiht. Lassen wir einen Sänger zu Wort kommen, der in allen Aspekten seiner künstlerischen Signatur das Gegenteil von Kleiber war: unersättlich nach Rollen und Auftritten, mit einem Repertoire im Opernbereich, das alle Rekorde gebrochen hat, Plácido Domingo. In seinen Erinnerungen schreibt Domingo mit

ganz ungewöhnlicher Ausführlichkeit und Emphase über nur *einen* Dirigenten – Carlos Kleiber: »Die Vielzahl seiner Begabungen – musikalische und dramatische Erkenntnisse, analytische Fähigkeiten, Dirigiertechnik, die Methode, seine Vorstellungen anderen deutlich zu machen – macht ihn zum größten Dirigenten unserer Zeit. Er ist von peinlichster Genauigkeit in jedem Detail, aber er ist es aus künstlerischer Überzeugung, nicht weil er ein Pedant wäre. Wer sich bei Probenbeginn nicht bereits sehr intensiv mit seiner Partie befaßt hat, muß zumindest die Erklärungen von Kleiber rasch begreifen und vor allem auch akzeptieren. Ist jemand nicht vorbereitet und zugleich nicht imstande, seine Ideen aufzunehmen und umzusetzen, dann können die Folgen allerdings schrecklich sein. Kleiber leidet, wenn man ihn nicht versteht, und, so seltsam sich das anhört, ich glaube, zum Teil liegt das daran, daß er sich in diesen Augenblicken seiner außerordentlichen Begabung gar nicht bewußt wird. Natürlich hat ein so schwieriges Naturell auch eine positive Seite: Die Großartigkeit seiner musikalischen Visionen.« Ein erster Höhepunkt der Zusammenarbeit zwischen Domingo und Kleiber war die Mailänder Premiere von Giuseppe Verdis *Otello* zur Spielzeiteröffnung 1976 in der Regie von Franco Zeffirelli. Die elektrisierende Aufführung wurde im Fernsehen übertragen. Die Premiere war von Protesten vor dem Opernhaus gegen den Elitismus der Veranstaltung überschattet. Die Nervosität übertrug sich auch auf das Innere des Hauses. Zu Beginn des 3. Aktes gab es Zwischenrufe, als Kleiber bereits am Pult stand, die den Beginn des Aktes leicht verzögerten. Diese Zwischenrufe galten offensichtlich nicht Kleiber, sondern gehörten zum Protest vor den Türen der Scala. Man sieht, wie Kleiber darunter leidet, und es wird einer jener Momente gewesen sein, die ihn sich fragen ließen: »Warum stehe ich hier, was tue ich mir und der geliebten *Otello*-Musik an«, aber dann führt er souverän durch die Szene Otellos und Desdemonas und durch den grandiosen Monolog Otellos. Es ist dringend zu wünschen, daß diese Aufführung, eine Sternstunde der Verdi-Interpretation, die bisher nur in nicht autorisierten Kopien kursiert, der Öffentlichkeit zugänglich gemacht wird.

»Wenn die Sonne der Kultur niedrig steht, werfen auch Zwerge lange Schatten« – nie war dieser Aphorismus von Karl Kraus wertvoller und wahrer als heute. Hoffentlich wurde deutlich, daß der große Schatten, den Carlos Kleiber hinterlassen hat, nicht auf den ansonsten niedrigen Sonnenstand zurückzuführen ist. Er paßte zunehmend nicht mehr in eine Kultur der Beliebigkeit und Banalität, der Vulgarität und des kurzfristigen Sensatio-

nalismus, die Konzentration und Versenkung erfolgreich verdrängt, wo alles möglich und alles erlaubt ist, wo die Menschen den Preis von allem kennen, aber von nichts den Wert. Wenn Kleiber zum Exzentriker gestempelt wurde, dann zeigt das nur, daß im Zentrum, von dem dieser Exzentriker sich entfernt, Entscheidendes in Unordnung ist. Wir haben in unserer Kulturwelt zu viele Zentriker und zu wenige Exzentriker vom Schlage Carlos Kleibers. In einer Zeit, in der Artikel 1 des Grundgesetzes allmählich umformuliert werden sollte in »Die Würde des Menschen ist kaum noch tastbar«, hat Carlos Kleiber bei der Interpretation großer Kunstwerke auf seine grandseigneurale Art Würde gewahrt und bewahrt. Er hat uns, um an Franz Werfels Gedicht zu erinnern, gezwungen, ihm noch Größres zuzutrauen. Rechten wir nicht mit ihm, daß wir uns mit relativ wenigem, dafür aber groß Angelegtem und groß Realisiertem, zufriedengeben mußten und müssen. Die Memoiren Bruno Walters, *Thema und Variationen* heißen sie, eines großen Dirigenten, dessen Signatur zu der Kleibers in starkem Gegensatz steht – Walter war verbindlich, harmoniesüchtig, auch eitel und öffentlichkeitsfreudig –, enden mit einem Satz, der auch Carlos Kleiber gefallen haben müßte, und er hätte ihn sich zu eigen machen können: »Die Musik enthält, unabhängig von ihrem stets wechselnden Gefühlsausdruck, eine dauernde Botschaft des Trostes. Ihre tiefste aber, ihre entscheidende Wirkung auf mein Leben übte jene höhere Botschaft der Musik aus, die sie in den Werken der großen Meister an uns richtet. Ihr wortloses tönendes Evangelium verkündet tröstend, was die bedürftige Seele des Menschen jenseits des Lebens sucht, in allverständlicher Sprache. Mir ist die Gnade zuteil geworden, der Musik zu dienen, und sie hat mir den Weg gewiesen und mich in der Richtung gehalten, der ich schon in meiner Kindheit dunkel, später bewußt zustrebte. Dorthin geht meine Hoffnung und meine Zuversicht – non confundar in aeternum.«

Carlos Kleiber – Verzeichnis seiner Aufnahmen

bearbeitet von Armin Diedrich

Beethoven, Ludwig van (1770 – 1827)

Coriolan. Ouvertüre zu Heinrich von Collins Schauspiel, op. 62

Berliner Philharmonisches Orchester
Livemitschnitt Berlin, Philharmonie, 28.6.1994

Bayerisches Staatsorchester
Livemitschnitt Ingolstadt, Stadttheater, 5.4.1996

Bayerisches Staatsorchester
Livemitschnitt München, Herkulessaal, 21.10.1996
DVD: Deutsche Grammophon

Symphonie Nr. 4 B-Dur, op. 60

Bayerisches Staatsorchester
Livemitschnitt München, Nationaltheater, 3.5.1982
CD: Orfeo

Concertgebouw Orkest, Amsterdam
Livemitschnitt Amsterdam, Concertgebouw, 19./20.10.1983
DVD: Philips

Bayerisches Staatsorchester
Livemitschnitt Tokyo, Hitomi Memorial Hall, 19.5.1986

Symphonieorchester des Bayerischen Rundfunks
Livemitschnitt Las Palmas, Alfredo Kraus Auditorium, 7.1.1999

Symphonieorchester des Bayerischen Rundfunks
Livemitschnitt Santa Cruz de Tenerife. Teatro Guimera, 9.1. 1999.

Symphonieorchester des Bayerischen Rundfunks
Livemitschnitt Valencia, Palau de la Músic, 20.2.1999

Symphonieorchester des Bayerischen Rundfunks
Livemitschnitt Cagliari, Teatro Comunale, 24.2.1999

Symphonieorchester des Bayerischen Rundfunks
Livemitschnitt Cagliari, Teatro Comunale, 26.2.1999

Symphonie Nr. 5 c-Moll, op. 67

Wiener Philharmoniker
Wien, Goldener Saal des Musikvereins, 29.3. – 4.4.1974
CD: Deutsche Grammophon

Chicago Symphony Orchestra
Livemitschnitt Chicago, 12.10.1978

Symphonie Nr. 6 F-Dur, op. 68

Bayerisches Staatsorchester
Livemitschnitt München, Nationaltheater, 7.11.1983
CD: Orfeo

Symphonie Nr. 7 A-Dur, op. 92

Symphonieorchester des Westdeutschen Rundfunks
Livemitschnitt Köln, Großer Sendesaal des WDR, 27.5.1972

Wiener Philharmoniker
Wien, Goldener Saal des Musikvereins, 26.11.1975 – 16.1.1976
CD: Deutsche Grammophon

Wiener Philharmoniker
Livemitschnitt Wien, Goldener Saal des Musikvereins, 28.2.1982

Bayerisches Staatsorchester
Livemitschnitt München, Nationaltheater, 3.5.1982
CD: Orfeo

Concertgebouw Orkest, Amsterdam
Livemitschnitt Amsterdam, Concertgebouw, 19./20.10.1983
DVD: Philips

Bayerisches Staatsorchester
Livemitschnit Tokyo, Hitomi Memorial Hall, 19.5.1986

Symphonieorchester des Bayerischen Rundfunks
Livemitschnitt Las Palmas, Alfredo Kraus Auditorium, 7.1.1999

Symphonieorchester des Bayerischen Rundfunks
Livemitschnitt Santa Cruz de Tenerife, Teatro Guimera, 9.1.1999

Symphonieorchester des Bayerischen Rundfunks
Livemitschnitt Valencia, Palau de la Músic, 20.2.1999

Symphonieorchester des Bayerischen Rundfunks
Livemitschnitt Cagliari, Teatro Comunale, 24.2.1999

Symphonieorchester des Bayerischen Rundfunks
Livemitschnitt Cagliari, Teatro Comunale, 26.2.1999

Berg, Alban (1885 – 1935)

Wozzeck. Drei Fragmente

Fine, Wendy (Marie)
Symphonieorchester des Westdeutschen Rundfunks
Livemitschnitt Köln, Großer Sendesaal des WDR, 27.5.1972

Vejzovic, Dunja (Marie)
Wiener Philharmoniker
Livemitschnitt Wien, Goldener Saal des Musikvereins, 28.2.1982

Bizet, Georges (1838 – 1875)

Carmen

Obrastzova, Elena (Carmen); Domingo, Plácido (Don José); Mazurok, Juri (Escamillo); Buchanan, Isobel (Micaela); Kanfoush, Cheryl (Frasquita); Gall, Axelle (Mercédès); Rydl, Kurt (Zuniga); Helm, Hans (Moralès); Zednik, Heinz (Remendado); Wolfrum, Paul (Dancaïro)

Chor und Orchester der Wiener Staatsoper
Livemitschnitt Wien, Staatsoper, 9.12.1978
DVD: TDK

Borodin, Alexander (1833 – 1887)

Symphonie Nr. 2 h-Moll

Rundfunk-Symphonieorchester Stuttgart des SDR
Stuttgart, Süddeutscher Rundfunk, 12.12.1972
CD: Hänssler

Symphonie Nr. 2 D-Dur, op. 73

Chicago Symphony Orchestra
Livemitschnitt Chicago, 2.6.1983

Bayerisches Staatsorchester
Livemitschnitt Pompeji, Teatro Grande, 20.9.1987

Wiener Philharmoniker
Livemitschnitt Wien, Goldener Saal des Musikvereins, 20.3.1988

Wiener Philharmoniker
Livemitschnitt Wien, Goldener Saal des Musikvereins, 6./7.10.1991
DVD: Philips

Symphonie Nr. 4 e-Moll, op. 98

Wiener Philharmoniker
Livemitschnitt Wien, Goldener Saal des Musikvereins, 16.12.1979

Wiener Philharmoniker
Wien, Goldener Saal des Musikvereins, 12.-15.12.1980
CD: Deutsche Grammophon

Bayerisches Staatsorchester
Livemitschnitt München, Nationaltheater, 10.3.1986

Berliner Philharmonisches Orchester
Livemitschnitt Berlin, Philharmonie, 28.6.1994

Bayerisches Staatsorchester
Livemitschnitt Ingolstadt, Stadttheater, 5.4.1996

Bayerisches Staatsorchester
Livemitschnitt München, Herkulessaal, 21.10.1996
DVD: Deutsche Grammophon

Slovenian Philharmonic Orchestra
Livemitschnitt Ljubljana, 6.7.1997

Bayerisches Staatsorchester
Livemitschnitt Ravenna, 18.6.1997

Butterworth, George (1885 – 1916)

English Idylls Nr. 1
Chicago Symphony Orchestra
Livemitschnitt Chicago, 2.6.1983

Dvořák, Antonín (1841 – 1904)

Klavierkonzert g-Moll, op. 33

Richter, Svjatoslav (Klavier)
Bayerisches Staatsorchester
München, Bürgerbräukeller, 18.-21.6.1976
CD: EMI

Haydn, Joseph (1732 – 1809)

Symphonie Nr. 94 G-Dur

Symphonieorchester des Westdeutschen Rundfunks
Livemitschnitt Köln, Großer Sendesaal des WDR, 27.5.1972

Wiener Philharmoniker
Livemitschnitt Wien, Goldener Saal des Musikvereins, 28.2.1982

Bayerisches Staatsorchester
Livemitschnitt München, Nationaltheater, 7.11.1983

Mahler, Gustav (1860 – 1911)

Das Lied von der Erde

Ludwig, Christa (Alt)
Kmentt, Waldemar (Tenor)
Wiener Symphoniker
Livemitschnitt Wien, Konzerthaus, 7.7.1967

Mozart, Wolfgang Amadeus (1756 – 1791)

Symphonie Nr. 33 B-Dur, KV 319

Wiener Symphoniker
Livemitschnitt Wien, Konzerthaus, 7.7.1967

Wiener Philharmoniker
Livemitschnitt Wien, Goldener Saal des Musikvereins, 16.12. 1979

Chicago Symphony Orchestra
Livemitschnitt Chicago, 2.6.1983

Wiener Philharmoniker
Livemitschnitt Wien, Goldener Saal des Musikvereins, 16.5.1983

Berliner Philharmonisches Orchester
Livemitschnitt Berlin, Philharmonie, 28.6.1994

Bayerisches Staatsorchester
Livemitschnitt Ingolstadt, Stadttheater, 5.4.1996

Bayerisches Staatsorchester
Livemitschnitt München, Herkulessaal, 21.10.1996
DVD: Deutsche Grammophon

Symphonie Nr. 36 C-Dur, KV 425

Bayerisches Staatsorchester
Livemitschnitt Pompeji, Teatro Grande, 20.9.1987

Wiener Philharmoniker
Livemitschnitt Wien, Goldener Saal des Musikvereins, 20.3.1988

Berliner Philharmonisches Orchester
Livemitschnitt Berlin, Philharmonie, 9.3.1989

Wiener Philharmoniker
Livemitschnitt Wien, Goldener Saal des Musikvereins, 6./7.10.1991
DVD: Philips

Nicolai, Otto (1810 – 1849)

Die lustigen Weiber von Windsor. Ouvertüre

Wiener Philharmoniker
Livemitschnitt Wien, Goldener Saal des Musikvereins, 1.1.1992
CD: Sony Classical
DVD: Philips

Offenbach, Jacques (1819 – 1880)

Die kleine Zauberflöte

Kasper, Eva (Nanette); Treskow, Gabrielle (Madame Robin); Diekmann, Karl (Monsieur Robin); Holte, Alfons (Soldat); Gester, Kurt (Advokat)

Orchester der Deutschen Oper am Rhein Düsseldorf
ZDF, 14.7.1963

Die Verlobung bei der Laterne

Holte, Alfons (Pierre; Nachtwächter); Kasper, Eva (Denise); Sommer, Ditha (Fanchette); Wien, Erika (Catherine)
Orchester der Deutschen Oper am Rhein Düsseldorf
ZDF, 14.7.1963

Puccini, Giacomo (1858 – 1924)

La Bohème

Cotrubas, Ileana (Mimi); Pavarotti, Luciano (Rodolfo); Cappucilli, Piero (Marcello); Giorgetti, Giorgio (Schaunard); Nesterenko, Jewgenij (Colline); Popp, Lucia (Musetta)
Orchestra e Coro del Teatro alla Scala, Milano
Livemitschnitt Mailand, Teatro alla Scala, 22.3.1979

Cotrubas, Ileana (Mimi); Pavarotti, Luciano (Rodolfo); Saccomani, Lorenzo (Marcello); Giorgetti, Giorgio (Schaunard); Nesterenko, Jewgenij (Colline); Popp, Lucia (Musetta)
Orchestra e Coro del Teatro alla Scala, Milano
Livemitschnitt Mailand (TV), 30.3.1979

Cotrubas, Ileana (Mimi); Aragall, Giacomo (Rodolfo); Summers, Jonathan (Marcello); Rawnsley, John (Schaunard); Howell, Gwynne (Colline); Ghazarian, Sona (Musetta)
Orchestra and Chorus of the Royal Opera House, Covent Garden, London
Livemitschnitt London, Royal Opera House Covent Garden, 7.11.1979

Freni, Mirella (Mimi); Dvorsky, Peter (Rodolfo); Saccomani, Lorenzo (Marcello); Guglielmi, Margherita (Musetta); Salvadori, Antonio (Schaunard); Washington, Paolo (Colline)

Orchestra e Coro del Teatro alla Scala, Milano
Livemitschnitt Tokyo, Tokyo Bunka Kaikan, 15.9.1981

Freni, Mirella (Mimi); Pavarotti, Luciano (Rodolfo); Summers, Jonathan (Marcello); Hampson, Thomas (Schaunard); Howell, Gwynne (Colline); Daniels, Barbara (Musetta)
Metropolitan Opera Chorus and Orchestra
Livemitschnitt New York, Metropolitan Opera House, 1.2.1988

Schubert, Franz (1797 – 1828)

Symphonie Nr. 3 D-Dur, D. 200

Wiener Philharmoniker
Wien, Goldener Saal des Musikvereins, 11.-15.9.1978
CD: Deutsche Grammophon

Chicago Symphony Orchestra
Livemitschnitt Chicago, Orchestra Hall, 12.10.1978

Bayerisches Staatsorchester
Livemitschnitt München, Nationaltheater, 10.3.1986
Symphonie Nr. 8 h-Moll, D. 759
Wiener Philharmoniker
Wien, Goldener Saal des Musikvereins, 11.-15.9.1978
CD: Deutsche Grammophon

Strauss, Johann ›Vater‹ (1804 – 1849)

Radetzky-Marsch, op. 228

Wiener Philharmoniker
Livemitschnitt Wien, Goldener Saal des Musikvereins, 1.1.1989
CD: Sony Classical
DVD: Deutsche Grammophon

Wiener Philharmoniker
Livemitschnitt Wien, Goldener Saal des Musikvereins, 1.1.1992
CD: Sony Classical
DVD: Philips

Strauss, Johann ›Sohn‹ (1825 – 1899)

Accelerationen. Walzer op. 234

Wiener Philharmoniker
Livemitschnitt Wien, Goldener Saal des Musikvereins, 1.1.1989
CD: Sony Classical
DVD: Deutsche Grammophon

An der schönen, blauen Donau. Walzer op. 314

Wiener Philharmoniker
Livemitschnitt Wien, Goldener Saal des Musikvereins, 1.1.1989
CD: Sony Classical
DVD: Deutsche Grammophon

Wiener Philharmoniker
Livemitschnitt Wien, Goldener Saal des Musikvereins, 1.1.1992
CD: Sony Classical
DVD: Philips

Bauern-Polka: op. 276

Wiener Philharmoniker
Livemitschnitt Wien, Goldener Saal des Musikvereins, 1.1.1989
CD: Sony Classical
DVD: Deutsche Grammophon

Bei uns z'Haus. Walzer op. 361

Wiener Philharmoniker
Livemitschnitt Wien, Goldener Saal des Musikvereins, 1.1.1989
CD: Sony Classical
DVD: Deutsche Grammophon

Eljen a Magyar. Ungarische Polka schnell op. 332

Wiener Philharmoniker
Livemitschnitt Wien, Goldener Saal des Musikvereins, 1.1.1989
CD: Sony Classical
DVD: Deutsche Grammophon

Die Fledermaus

Gesamtaufnahmen

Waechter, Eberhard (Eisenstein); Janowitz, Gundula (Rosalinde); Malone, Carol (Adele); Fassbaender, Brigitte (Prinz Orlofsky); Kmentt, Waldemar (Alfred); Brendel, Wolfgang (Dr. Falke)
Chor und Orchester der Bayerischen Staatsoper München
Livemitschnitt München, Nationaltheater, 31.12.1974

Prey, Hermann (Eisenstein); Varady, Julia (Rosalinde); Popp, Lucia (Adele); Rebroff, Iwan (Prinz Orlofsky); Kollo, René (Alfred); Weikl, Bernd (Dr. Falke); Kusche, Benno (Frank)
Chor und Orchester der Bayerischen Staatsoper
München, Herkulessaal, 9.-28.10.1975
CD: Deutsche Grammophon

Waechter, Eberhard (Eisenstein); Coburn, Pamela (Rosalinde); Perry, Janet (Adele); Fassbaender, Brigitte (Prinz Orlofsky); Hopferwieser, Josef (Alfred); Brendel, Wolfgang (Dr. Falke); Kusche, Benno (Frank)
Chor und Orchester der Bayerischen Staatsoper München
Livemitschnitt München, Nationaltheater, 30./31.12.1986
DVD: Deutsche Grammophon

Ouvertüre

Radio-Symphonieorchester Stuttgart des SDR
Livemitschnitt Stuttgart, 27.1.1970
Probenmitschnitt: DVD: TDK

Bayerisches Staatsorchester
Livemitschnitt Tokyo, Hitomi Memorial Hall, 19.5.1986

Wiener Philharmoniker
Livemitschnitt Wien, Goldener Saal des Musikvereins, 1.1.1989
CD: Sony Classical
DVD: Deutsche Grammophon

Symphonieorchester des Bayerischen Rundfunks
Livemitschnitt Las Palmas, Alfredo Kraus Auditorium, 7.1.1999

Symphonieorchester des Bayerischen Rundfunks
Livemitschnitt Santa Cruz de Tenerife, Teatro Guimera, 9.1.1999

Symphonieorchester des Bayerischen Rundfunks
Livemitschnitt Valencia, Palau de la Músic, 20.2.1999

Symphonieorchester des Bayerischen Rundfunks
Livemitschnitt Cagliari, 26.2.1999

Frühlingsstimmen. Walzer op. 410

Wiener Philharmoniker
Livemitschnitt Wien, Goldener Saal des Musikvereins, 1.1.1989
CD: Sony Classical
DVD: Deutsche Grammophon

Im Krapfenwald'l. Polka française op. 336

Wiener Philharmoniker
Livemitschnitt Wien, Goldener Saal des Musikvereins, 1.1.1989

CD: Sony Classical
DVD: Deutsche Grammophon

Künstlerleben. Walzer op. 316

Wiener Philharmoniker
Livemitschnitt Wien, Goldener Saal des Musikvereins, 1.1.1989
CD: Sony Classical
DVD: Deutsche Grammophon

Neue Pizzicato-Polka op. 449

Wiener Philharmoniker
Livemitschnitt Wien, Goldener Saal des Musikvereins, 1.1.1992
CD: Sony Classical
DVD: Philips

Persischer Marsch op. 289

Wiener Philharmoniker
Livemitschnitt Wien, Goldener Saal des Musikvereins, 1.1.1992
CD: Sony Classical
DVD: Philips

Ritter Pazman. Csárdás

Wiener Philharmoniker
Livemitschnitt Wien, Goldener Saal des Musikvereins, 1.1.1989
CD: Sony Classical
DVD: Deutsche Grammophon

Stadt und Land. Polka mazur op. 322

Wiener Philharmoniker
Livemitschnitt Wien, Goldener Saal des Musikvereins, 1.1.1992
CD: Sony Classical
DVD: Philips

Tausend und eine Nacht. Walzer op. 346

Wiener Philharmoniker
Livemitschnitt Wien, Goldener Saal des Musikvereins, 1.1.1992
CD: Sony Classical
DVD: Philips

Tritsch-Tratsch-Polka op. 214

Wiener Philharmoniker
Livemitschnitt Wien, Goldener Saal des Musikvereins, 1.1.1992
CD: Sony Classical
DVD: Philips

Unter Donner und Blitz. Polka schnell op. 324

Bayerisches Staatsorchester
Livemitschnitt München, 2.3.1981

Bayerisches Staatsorchester
Livemitschnitt Tokyo, Hitomi Memorial Hall, 19.5.1986

Wiener Philharmoniker
Livemitschnitt Wien, Goldener Saal des Musikvereins, 1.1.1992
CD: Sony Classical
DVD: Philips

Vergnügungszug. Polka schnell op. 281

Wiener Philharmoniker
Livemitschnitt Wien, Goldener Saal des Musikvereins, 1.1.1992
CD: Sony Classical
DVD: Philips

Der Zigeunerbaron. Ouvertüre

Wiener Philharmoniker
Livemitschnitt Wien, Goldener Saal des Musikvereins, 1.1.1992

CD: Sony Classical
DVD: Philips

Strauss, Johann ›Sohn‹ & Josef

Pizzicato-Polka

Wiener Philharmoniker
Livemitschnitt Wien, Goldener Saal des Musikvereins, 1.1.1989
CD: Sony Classical
DVD: Deutsche Grammophon

Strauss, Josef (1827 – 1870)

Dorfschwalben aus Österreich. Walzer op. 164

Wiener Philharmoniker
Livemitschnitt Wien, Goldener Saal des Musikvereins, 1.1.1992
CD: Sony Classical
DVD: Philips

Feuerfest! Polka française op. 269

Wiener Philharmoniker
Livemitschnitt Wien, Goldener Saal des Musikvereins, 1.1.1992
CD: Sony Classical
DVD: Philips

Jockey-Polka op. 278

Wiener Philharmoniker
Livemitschnitt Wien, Goldener Saal des Musikvereins, 1.1.1989
CD: Sony Classical
DVD: Deutsche Grammophon

Wiener Philharmoniker
Livemitschnitt Wien, Goldener Saal des Musikvereins, 1.1.1992
CD: Sony Classical
DVD: Philips

Die Libelle. Polka mazur op. 204

Wiener Philharmoniker
Livemitschnitt Wien, Goldener Saal des Musikvereins, 1.1.1989
CD: Sony Classical
DVD: Deutsche Grammophon

Moulinet. Polka op. 57

Wiener Philharmoniker
Livemitschnitt Wien, Goldener Saal des Musikvereins, 1.1.1989
CD: Sony Classical
DVD: Deutsche Grammophon

Plappermäulchen. Polka schnell op. 245

Wiener Philharmoniker
Livemitschnitt Wien, Goldener Saal des Musikvereins, 1.1.1989
CD: Sony Classical
DVD: Deutsche Grammophon

Sphärenklänge. Walzer op. 235

Wiener Philharmoniker
Livemitschnitt Wien, Goldener Saal des Musikvereins, 1.1.1992
CD: Sony Classical
DVD: Philips

Elektra

Steger, Ingrid (Elektra); Lippert, Marion (Chrysothemis); Mödl, Martha (Klytemnästra); Windgassen, Wolfgang (Ägisth); Wildermann, William (Orest)
Chor und Orchester des Württembergischen Staatstheaters Stuttgart
Livemitschnitt Stuttgart, Staatstheater, 17.6.1971

Steger, Ingrid (Elektra); Lippert, Marion (Chrysothemis); Mödl, Martha (Klytemnästra); Windgassen, Wolfgang (Ägisth); Wildermann, William (Orest)
Chor und Orchester des Württembergischen Staatstheaters Stuttgart
Livemitschnitt Stuttgart, Staatstheater, 6.7.1971

Nilsson, Birgit (Elektra); Jones, Gwyneth (Chrysothemis); Szirmay, Marta (Klytemnästra); Craig, Charles (Ägisth); McIntyre, Donald (Orest)
Orchestra and Chorus of the Royal Opera House, Covent Garden, London
Livemitschnitt London, Royal Opera House, Covent Garden, 6.5.1977

Ein Heldenleben op. 40

Wiener Philharmoniker
Livemitschnitt Wien, Goldener Saal des Musikvereins, 16.5.1993

Der Rosenkavalier

Gesamtaufnahmen

Watson, Claire (Marschallin); Fassbaender, Brigitte (Octavian); Groote, Hilda de (Sophie); Ridderbusch, Karl (Baron Ochs); Kusche, Benno (Faninal)

Chor und Orchester der Bayerischen Staatsoper München
Livemitschnitt München, Nationaltheater, 20.7.1974

Lear, Evelyn (Marschallin); Fassbaender, Brigitte (Octavian); Popp, Lucia (Sophie); Ridderbusch, Karl (Baron Ochs); Wolansky, Raymond (Faninal)
Orchestra e Coro del Teatro alla Scala, Milano
Livemitschnitt Mailand, Teatro alla Scala, 4.5.1976

Jones, Gwyneth (Marschallin); Fassbaender, Brigitte (Octavian); Popp, Lucia (Sophie); Ridderbusch, Karl (Baron Ochs); Kusche, Benno (Faninal)
Chor und Orchester der Bayerischen Staatsoper München
Livemitschnitt München, Nationaltheater, 15.7.1977

Dernesch, Helga (Marschallin); Fassbaender, Brigitte (Octavian); Popp, Lucia (Sophie); Moll, Kurt (Baron Ochs); Kusche, Benno (Faninal)
Chor und Orchester der Bayerischen Staatsoper München
Livemitschnitt München, Nationaltheater, 31.7.1977

Jones, Gwyneth (Marschallin); Fassbaender, Brigitte (Octavian); Popp, Lucia (Sophie); Jungwirth, Manfred (Baron Ochs); Kusche, Benno (Faninal)
Chor und Orchester der Bayerischen Staatsoper München
Livemitschnitt München, Nationaltheater, 30.5.1979
DVD: Deutsche Grammophon

Lott, Felicity (Marschallin); Otter, Anne Sophie von (Octavian); Bonney, Barbara (Sophie); Haugland, Aage (Baron Ochs); Hornik, Gottfried (Faninal)
Metropolitan Opera Chorus and Orchestra
Livemitschnitt New York, Metropolitan Opera House, 17.10.1990

Lott, Felicity (Marschallin); Otter, Anne Sophie von (Octavian); Bonney, Barbara (Sophie); Moll, Kurt (Baron Ochs); Hornik, Gottfried (Faninal)

Chor und Orchester der Wiener Staatsoper
Livemitschnitt Wien, Staatsoper, 23.3.1994
DVD: Deutsche Grammophon

Lott, Felicity (Marschallin); Otter, Anne Sophie von (Octavian); Bonney, Barbara (Sophie); Moll, Kurt (Baron Ochs); Hornik, Gottfried (Faninal)
Chor und Orchester der Wiener Staatsoper
Livemitschnitt Tokyo, Tokyo Bunka Kaikan, 7.10.1994

Ausschnitte

Jones, Gwyneth (Marschallin); Fassbaender, Brigitte (Octavian); Popp, Lucia (Sophie); Kusche, Benno (Faninal)
Chor und Orchester der Bayerischen Staatsoper München
Livemitschnitt München, Nationaltheater, 20.4.1972
CD: Orfeo

Telemann, Georg Philipp (1681 – 1767)

Musique de Table (Tafelmusik-Suite)
Symphonieorchester des Norddeutschen Rundfunks Hamburg
Livemitschnitt Hamburg, Studio 10 des NDR, 7.12.1960

Verdi, Giuseppe (1813 – 1901)

La Traviata

Cotrubas, Ileana (Violetta); Aragall, Giacomo (Alfredo); Brendel, Wolfgang (Germont)
Chor und Orchester der Bayerischen Staatsoper München
Livemitschnitt München, Nationaltheater, 26.4.1975

Maliponte, Adriana (Violetta); Maresca, Benito (Alfredo); Brendel, Wolfgang (Germont)
Chor und Orchester der Bayerischen Staatsoper München
Livemitschnitt München, Nationaltheater, 16.6.1977

Cotrubas, Ileana (Violetta); Domingo, Plácido (Alfredo); Milnes, Sherill (Germont)
Chor und Orchester der Bayerischen Staatsoper München
München, 14.5.1976 – 26.6.1977
CD: Deutsche Grammophon

Cotrubas, Ileana (Violetta); Aragall, Giacomo (Alfredo); Bruson, Renato (Germont)
Chor und Orchester der Bayerischen Staatsoper München
Livemitschnitt München, Nationaltheater, 12.6.1978

Gasdia, Cecilia (Violetta); Dvorsky, Peter (Alfredo); Zancanaro, Giorgio (Germont)
Orchestra e Coro del Teatro Comunale di Firenze
Livemitschnitt Florenz, Teatro Comunale, 9.12.1984

Otello

Domingo, Plácido (Otello); Freni, Mirella (Desdemona); Cappucilli, Piero (Jago); Ciannella, Giuliano (Cassio); Raffanti, Dario (Roderigo); Roni, Luigi (Lodovico); Jori, Jone (Emilia)
Orchestra e Coro del Teatro alla Scala di Milano
Livemitschnitt (TV) Mailand, 7.12.1976

Domingo, Plácido (Otello); Price, Margaret (Desdemona); Carroli, Silvano (Jago); Leggate, Robin (Cassio); Dobson, John (Roderigo); Lloyd, Robert (Lodovico); Powell, Claire (Emilia)
Orchestra and Chorus of the Royal Opera House, Covent Garden, London
Livemitschnitt London, Royal Opera House Covent Garden, 19.2.1980

Domingo, Plácido (Otello); Tomowa-Sintow, Anna (Desdemona); Carroli, Silvano (Jago); Di Cesare, Ezio (Cassio); Lorenzi, Ermanno (Roderigo); Roni, Luigi (Lodovico); Malagú, Stefania (Emilia)
Orchestra e Coro del Teatro alla Scala di Milano
Livemitschnitt Tokyo, NHK Hall, 2.9.1981

Domingo, Plácido (Otello); Freni, Mirella (Desdemona); Bruson, Renato (Iago); Gavazzi, Ernesto (Cassio); Manganotti, Gianfranco (Roderigo); Roni, Luigi (Lodovico); Banditelli, Gloria (Emilia)
Orchestra e Coro del Teatro alla Scala di Milano
Livemitschnitt Mailand, Teatro alla Scala, 5.2.1987

Wagner, Richard (1813 – 1883)

Tristan und Isolde

Gesamtaufnahmen

Windgassen, Wolfgang (Tristan); Ligendza, Catarina (Isolde); Hoffman, Grace (Brangäne); Frick, Gottlob (König Marke); Neidlinger, Gustav (Kurwenal)
Chor und Orchester des Württembergischen Staatstheaters Stuttgart
Livemitschnitt Stuttgart, Staatstheater, 22.4.1973

Hopf, Hans (Tristan); Ligendza, Catarina (Isolde); Baldani, Ruza (Brangäne); Sotin, Hans (König Marke); Neidlinger, Gustav (Kurwenal)
Chor und Orchester der Wiener Staatsoper
Livemitschnitt Wien, Staatsoper, 7.10.1973

Brilioth, Helge (Tristan); Ligendza, Catarina (Isolde); Minton, Yvonne (Brangäne); Moll, Kurt (König Marke); McIntyre, Donald (Kurwenal)
Chor und Orchester der Bayreuther Festspiele
Livemitschnitt Bayreuth, Festspielhaus, 25.7.1974

Brilioth, Helge (Tristan); Ligendza, Catarina (Isolde); Minton, Yvonne (Brangäne); Moll, Kurt (König Marke); McIntyre, Donald (Kurwenal)
Chor und Orchester der Bayreuther Festspiele
Livemitschnitt Bayreuth, Festspielhaus, 26.7.1975

Wenkoff, Spas (Tristan); Ligendza, Catarina (Isolde); Minton, Yvonne (Brangäne); Ridderbusch, Karl (König Marke); McIntyre, Donald (Kurwenal)
Chor und Orchester der Bayreuther Festspiele
Livemitschnitt Bayreuth, Festspielhaus, 26.7.1976

Wenkoff, Spas (Tristan); Ligendza, Catarina (Isolde); Baldani, Ruza (Brangäne); Moll, Kurt (König Marke); Nimsgern, Siegmund (Kurwenal)
Orchestra e Coro del Teatro alla Scala di Milano
Livemitschnitt Mailand, Teatro alla Scala, 12.4.1978

Kollo, René (Tristan); Price, Margaret (Isolde); Fassbaender, Brigitte (Brangäne); Moll, Kurt (König Marke); Fischer-Dieskau, Dietrich (Kurwenal)
Rundfunkchor Leipzig
Staatskapelle Dresden
Dresden, Lukaskirche, 26.8.1980 – 4.4.1982
CD: Deutsche Grammophon

Vorspiel und Isoldes Liebestod

Rundfunkorchester Stuttgart des SDR
Stuttgart, 24.7.1972
Probenmitschnitt

Weber, Carl Maria von (1786 – 1826)

Der Freischütz

Gesamtaufnahme

Schreier, Peter (Max); Adam, Theo (Kaspar); Janowitz, Gundula (Agathe); Mathis, Edith (Ännchen); Weikl, Bernd (Ottokar); Vogel, Siegfried (Kuno); Crass, Franz (Eremit)
Rundfunkchor Leipzig

Staatskapelle Dresden
Dresden, Lukaskirche, 22.1.-6.2.1973
CD: Deutsche Grammophon

Ouvertüre

Rundfunkorchester Stuttgart des SDR
Livemitschnitt Stuttgart, 22.4.1970
DVD: TDK

Chicago Symphony Orchestra
Livemitschnitt Chicago, Orchestra Hall, 12.10.1978

Wiener Philharmoniker
Livemitschnitt Wien, Goldener Saal des Musikvereins, 16.12. 1979

Diese Diskographie strebt Vollständigkeit an, soweit diese im gegenwärtigen Zeitpunkt zu realisieren ist. Sie beschränkt sich auf die wesentlichsten Informationen. Die ausführlichste Carlos-Kleiber-Diskographie wurde von Toru Hirasawa erstellt und findet sich im Internet unter http://www.thrsw.com/kleiber.html.

Biographische Notizen

Carlos Kleiber wurde 1930 in Berlin als Sohn des Dirigenten Erich Kleiber und dessen Frau Ruth geboren und folgte seinen Eltern in die Emigration nach Buenos Aires. Nach Europa zurückgekehrt, begann er seine musikalische Laufbahn als Korrepetitor 1952 in München. Seine Karriere als Dirigent führte ihn von dort über Potsdam, Düsseldorf, Zürich, Stuttgart nach München. In seinen späteren Jahren ging er keine feste Bindung an ein Opernhaus oder Orchester mehr ein, sondern arbeitete als außerordentlich begehrter, aber immer seltener auftretender Gastdirigent bei den Bayreuther Festspielen und an den Staatsopern von München, Wien und der Mailänder Scala sowie mit verschiedenen Orchestern von Weltrang. Carlos Kleiber starb 2004.

Jens Malte Fischer, geboren 1943 in Salzburg. Lebt in München. Studium der Germanistik, Geschichte und Musikwissenschaft sowie Gesang in Saarbrücken und München. Von 1982 bis 1989 war er Professor für Neuere Deutsche, Vergleichende und allgemeine Literaturwissenschaft an der Universität Siegen, seit 1989 ist er Professor für Theaterwissenschaft an der Universität München. 1996/97 war er Fellow des Wissenschaftskollegs zu Berlin. Lehr- und Forschungsschwerpunkte sind: die Theatergeschichte Europas im 19. und 20. Jahrhundert, vor allem in den deutschsprachigen und romanischen Ländern, die Kultur der Jahrhundertwende um 1900, die Geschichte der deutsch-jüdischen Kultur und des Antisemitismus, die Geschichte und Analyse der Oper sowie die Geschichte des Films. Zu seinen Buchveröffentlichungen zählen: *Karl Kraus* (1974); *Fin de siècle. Kommentar zu einer Epoche* (1983); *Oper – das mögliche Kunstwerk* (1991); *Große Stimmen. Von Enrico Caruso zu Jessye Norman* (1993); *Literatur zwischen Traum und Wirklichkeit. Studien zur Phantastik* (1998); *Jahrhundertdämmerung. Ansichten eines anderen Fin de siècle* (2000); *Richard Wagners »Das Judentum in der Musik«* (2000); *Gustav Mahler. Der fremde Vertraute.* Biographie (2003). Seit 2005 ordentliches Mitglied der Bayerischen Akademie der Schönen Künste.

Anne Kirchbach, Ausbildung in der Werbeagentur »Tudor Agency« London und an der Münchner Akademie für Photo-Design. 1970-1994 Hausphotographin an der Bayerischen Staatsoper München. Seit 1995 Photographin für die Salzburger Festspiele, Bayreuther Festspiele, Bayerische Akademie der Schönen Künste, für den Bayerischen Rundfunk, für Tageszeitungen und internationale Fachpresse.

Herausgegeben von der Bayerischen Akademie
der Schönen Künste

Gedruckt mit Unterstützung
der Friedrich-Baur-Stiftung, Burgkunstadt

Bayerische Akademie der Schönen Künste
Max-Joseph-Platz 3
80539 München
info©badsk.de
www.badsk.de

Bibliografische Information der Deutschen Nationalbibliothek

Die Deutsche Nationalbibliothek verzeichnet diese Publikation in der Deutschen Nationalbibliografie; detaillierte bibliografische Daten sind im Internet über http://dnb.d-nb.de abrufbar.

Vom Verlag gesetzt aus der Walbaum
www.wallstein-verlag.de
Druck: Hubert & Co, Göttingen

ISBN-10: 3-8353-0138-1
ISBN-13: 978-3-8353-0138-2